TOURISM PLANNING & DESIGN NO.10

# 旅游规划与设计 10

旅游规划 + 景观建筑 + 景区管理

北京大学旅游研究与规划中心 主编　中国建筑工业出版社 出版

## 海洋与海岛旅游
Marine & Island Tourism

图书在版编目（CIP）数据

旅游规划与设计——海洋与海岛旅游/ 北京大学旅游研究与规划中心主编.
北京：中国建筑工业出版社，2013.12
ISBN 978-7-112-16195-9

Ⅰ. ①旅… Ⅱ. ①北… Ⅲ. ①旅游规划②海洋—旅游规划③岛-旅游规划
Ⅳ. ①F590.1

中国版本图书馆CIP数据核字(2013)第290032号



**旅游规划与设计——海洋与海岛旅游**
**北京大学旅游研究与规划中心 主编**
*
中国建筑工业出版社 出版、发行（北京西郊百万庄）
各地新华书店、建筑书店经销
北京方嘉彩色印刷有限责任公司印刷
*
开本：880×1230毫米 1/16　印张：8　字数：280千字
2013年12月第一版　2013年12月第一次印刷
定价：48.00元

ISBN 978-7-112-16195-9
（24946）

# 卷首语

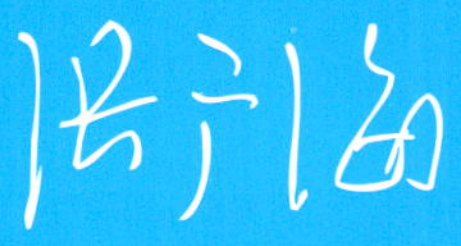

中国海洋大学管理学院旅游系教授

2013年11月14日

蓝色的海洋覆盖了71%的地球表面，蕴藏着丰富的资源，正逐渐成为沿海各国取得资源优势、提高综合国力的新领域。我国海洋面积广阔，海洋资源丰富，海洋开发和海洋产业也深受国家关注，并相继提出了“建设海洋强国”、“实施海洋开发”、“发展海洋产业，构建现代产业体系”等海洋发展战略；2011年国务院陆续批准了《山东半岛蓝色经济区发展规划》、《浙江海洋经济发展示范区规划》、《广东海洋经济综合试验区发展规划》、《福建海峡蓝色经济试验区发展规划》的实施，把我国沿海重点区域的海洋产业发展提升到国家战略地位，促使海洋产业步入了全面发展的新时期。

海洋旅游业是海洋产业的重要组成部分。海洋旅游从原始的针对近海阳光、沙滩的滨海观光旅游产品，逐渐发展为向海底、海域和远洋空间的一系列新型和高端旅游产品，如滨海度假、邮轮旅游、海上旅游观光、海底潜水旅游、深海探险等，海岛旅游也逐渐成为海洋旅游“皇冠”上的“明珠”。我国是世界上海岛较多的国家，有大小岛屿7000多个，总面积达到8万多平方公里，为发展海岛旅游提供了广阔的发展空间。海南岛国际旅游岛等地的建设，也正在形成我国海岛旅游开发的热潮。随着2013年“海洋旅游年”的逐步推进，我国海洋旅游业在沿海地区经济发展与国家海洋发展战略布局中的作用日益凸显。

但是在海洋旅游业发展如火如荼的同时，以海洋环境污染、海洋生态系统破坏、海洋资源耗损为巨大代价的传统发展模式依然存在，需要人们去深入思考海洋旅游业发展面临的问题，包括海洋旅游资源的旅游价值和吸引力、海洋旅游产品类型等海洋旅游理论问题，诸如海洋旅游资源、海洋旅游目的地应该如何规划与开发，海洋旅游业发展会带来哪些影响，海洋产业与区域开发之间如何协调发展等等，也都有待继续研究深化。

为此，《旅游规划与设计》策划了“海洋与海岛旅游”专辑的编撰与出版，并邀请笔者担任了本辑的执行主编。为集中讨论“海洋与海岛旅游”的相关问题，讨论海洋旅游理论、海岛旅游开发与空间格局、滨海旅游开发与规划、高端海洋旅游产品创新开发、典型区域海洋旅游发展实践途径等话题，我和《旅游规划与设计》的主编、名誉主编并编辑部的同仁们，特广泛征集了专家学者、政府官员和咨询机构的朋友们在此领域的观点、意见和实践案例，以期能够让更多的同志一起来探讨中国海洋强国战略实施以及旅游产业转型时期中国如何实现旅游业与海洋产业可持续之路的诸多课题。

我们期望在各级政府、旅游企业、学者和社区居民主动参与和共同努力之下，我国海洋与海岛旅游能够健康持续地协调发展；也希望《旅游规划与设计——海洋与海岛旅游》能够为中国海洋强国战略的实施和海洋旅游产业的可持续发展提供一些有益的参考，能够为读者带去一些帮助和启迪。

TOURISM PLANNING & DESIGN NO.10
旅游规划与设计 10
旅游规划 + 景观建筑 + 景区管理
北京大学旅游研究与规划中心 主编 中国建筑工业出版社 出版

# 目录

## 海洋与海岛旅游规划总论



## 海洋旅游区域分析



## 海洋旅游规划创新



## 海岛旅游实践探索



北京大学旅游研究与规划中心 主编
中国建筑工业出版社 出版

## 海洋与海岛旅游

# CONTENTS

TOURISM PLANNING & DESIGN NO.10
旅游规划与设计 10
旅游规划 + 景观建筑 + 景区管理
北京大学旅游研究与规划中心 主编 中国建筑工业出版社 出版

## Overview of Marine and Island Tourism Planning



## Analysis of Marine Tourism Areas



## Innovation in Marine Tourism Planning



## Practical Case Studies of Island Tourism

# 滨海旅游业发展历程、现状与趋势分析

# Development History, Current Status and Trend Analysis of Coastal Tourism

文 / 王 芳

【摘　要】

海洋对人类至关重要，滨海旅游是发生在海岸带的主要人类活动之一，并且是世界上最大的产业(群)——旅游的最传统的、主要的、也是增长最快的形式。国际滨海旅游业大众旅游发展，其自然和社会特征与之相适应。我国滨海旅游业发展潜力巨大，在国际滨海旅游市场尤其是亚太市场旅游者数量持续增加、旅游目的地竞争力增大和旅游活动休闲化、多元化、个性化的背景下，国内旅游业快速发展、旅游市场长短程兼具、旅游者需求多样化和休闲旅游兴起的前提和现状，使得我国滨海旅游业发展面临机遇和挑战。

【关键词】

滨海旅游业；旅游活动；旅游市场

【作者简介】

王　芳　广东商学院地理与旅游学院讲师

## 1. 引言

海洋占整个地球表面积的71%以上，拥有丰富资源和可通达性，是全球生命支持系统的基本组成部分和实现可持续发展的宝贵财富。21世纪是人类开发利用海洋的新世纪。处于大气圈、水圈、陆圈和智慧圈过渡带的海岸带，其动态过程所产生的多样化的高产的生态系统对人类一直极为重要。海岸带经济发达，人口和大城市集中，是大多数商业和工业活动的发生地，这些动态过程从历史到现在都对人类极为重要，渔业、交通运输和旅游是海岸带最重要的职能，并且预计在未来会有大幅增长。

旅游业在总收入、就业、增值、投资和纳税等方面，对世界和各国经济带来了重大的贡献。自1992年起，旅游业已成为世界规模最大的产业，并且发展迅速。它将成为21世纪最大、最集中、最具竞争力的产业，其产业规模将前所未见。旅游产业对目的地国家有着积极的影响，可以带动当地经济增长、创造外汇收入、扩大服务部门需求、增加就业机会、多样化经济结构、带动交通运输体系和基础设施建设，属于朝阳产业。

在旅游及其活动创造的GDP中，滨海旅游业贡献了一半以上的经济产值。滨海旅游是历史悠久的传统旅游方式，也是现代旅游增长最快的领域。在地球所有不同旅游区，滨海地区具有最大的游客访问量。在某些滨海国家或地区如澳大利亚、埃及、希腊和泰国，岛国如巴巴多斯、斐济、马尔代夫和塞舌尔，旅游业对经济的贡献至关重要。滨海旅游业在很多国家得到发展和重视，如在美国滨海旅游业是海洋经济的支柱产业，是美国海洋经济增长明显快于全国经济的增长的重要原因。与“海”有关的特色旅游项目开发将成为21世纪休闲旅游发展的一大新热点，同时也预示着21世纪以海洋生态旅游为主题的休闲旅游时代的到来。据统计，近年来沿海及海岛地区接待的旅游者人数以每年高达20%~30%的速度递增。其中，东亚和太平洋沿岸是滨海旅游业增长最快的区域。本文对滨海旅游业发展过程进行梳理，对未来趋势作了研究，以期为中国滨海旅游业发展提供科学依据，服务区域滨海旅游业发展。

## 2. 滨海旅游业内涵及其特征

### 2.1 滨海旅游业概念及内涵

滨海旅游是海洋旅游的基本和核心部分，是以海岸带自然景观为基础的综合性海洋产业，是历史悠久的传统旅游方式，也是现代旅游增长最快的领域。美国国家海洋和大气局(NOAA: United States National Oceanic and Atmospheric Administration)认为：“在所有发生在海岸带或近海海域的活动中，没有一项活动的增长在数量和多样性上能超过海岸休闲旅游活动。”

Hall and Page认为滨海旅游的概念包含在海岸、离岸水面上发生的全面的旅游、休闲娱乐活动包括海岸上住宿、餐饮、食品工业、第二住宅的发展，基础设施支撑的海岸发展和旅游活动，例如休闲游船、依托海岸的生态旅游、豪华游船、游泳、休闲渔业、浮潜和潜水。陈国生认为，国内目前对滨海旅游的定义尚无定论，但可以确定的是滨海旅游的范围比海洋旅游的范围要窄，认为滨海旅游是以海洋为依托而进行的海滨观光、休憩、疗养、海上体育、娱乐、度假、海底探险等活动所产生的现象和关系的总和，不包括一些远海的活动项目。自1994年起，国家海洋局每年都会公布海洋经济发展

图1 大溪地休闲度假区　　赵率/摄

运行状况，其对滨海旅游业的定义为：包括以海岸带、海岛及海洋各种自然景观、人文景观为依托的旅游经营、服务活动，主要包括：海洋观光游览、休闲娱乐、度假住宿、体育运动等活动。确切地说，滨海旅游是以海岸带环境为依托，为了满足旅游者精神和物质需求、同时满足当地人经济和社会需求的活动所引发的现象和关系的总和。

另外，历史悠久的海洋文化是人类文明的重要组成部分，是人类在认识、开发和利用海洋的过程中，形成的独有的与海洋的关系，以及由此形成的生活方式、经济结构、意识形态、风俗习惯和语言文化艺术等，滨海文化旅游是滨海旅游的独特资源利用形式，是滨海旅游的重要组成部分。

## 2.2 海滨旅游业的特征

### 2.2.1 滨海旅游业的自然特征

滨海旅游业对环境质量有依赖性，优秀的滨海旅游资源会提供给旅游者健康、安全的旅游体验。滨海旅游发生在陆地与海洋交接处，与纯粹的海上旅游和陆地旅游均有不同，兼具二者发展的特点，又有其独有的特色。海滨气候适宜，阳光充足，空气中的氧和臭氧含量较多，空气清新。由于水的比热大，缩小了气温变化的幅度，故滨海环境比较舒适，尤其是炎热的夏季，常常被作为避暑胜地。海滨景观及水生生物等有很高的观赏价值，地域和水域开阔，宜于开展观光、度假休闲和体育运动，利于旅游者身心健康。旅游者还可品尝到营养丰富、味道鲜美的海产品，购买具有滨海特色的旅游纪念品。故气候适宜、阳光充足、环境良好的海滨多为旅游胜地，使人们流连忘返。

滨海旅游业的持续增长和来自对经济收益增加的压力，常常导致旅游发展、当地社区和自然资源的矛盾。此外，由于地缘经济的发展，海滨功能向多职能转变，滨海开发区、养殖业和海港等其他利用方式的开发，使沿海土地资源日趋紧张，发展中的滨海旅游业用地面临短缺，同时也要应对越来越近的其他开发方式所带来的环境退化问题，以保持景区特有的魅力。滨海旅游是对大部分旅游者吸引力大的传统旅游方式，大众旅游发展，大众旅游对海滨资源的影响相当大，已经并将继续以非线性的方式增加，且该影响非常难于管理或限制。通常，在旅游地采取适当的管理措施之前，就已经发生了严重的、有时是不可逆的生态损害。

### 2.2.2 滨海旅游业的社会特征

滨海旅游资源对旅游供需双方都极具吸引力。对于旅游需求方旅游者来说，沿海地区城市和经济通常较为发展，区位良好，可达性高。在这里有相对方便和安全的介入海洋的途径，可以较为容易地满足旅游者对不同于陆地的海洋环境的猎奇和体验。对于旅游供应方来说，可以依托滨海陆地发展住宿、餐饮、商店等旅游相关产业，又可以展示当地历史悠久的独特海洋文化内涵，因为人类与海的互动多发生在近海，当地的生活方式、风俗习惯、文化艺术等与海息息相关，具有独特的吸引力。

与其他旅游资源一样，滨海旅游资源产品具有季节性和地域性。除了热带滨海旅游地，旅游地的旅游者流季节性明显，通常集中于夏季，导致基础设施和旅游服务设施利用不均衡，旅游收益波动大。我国在实行“七天长假”制度以后，“旅游黄金周”期间，这种“旅游旺季现象”尤为突出。

滨海旅游地开发历史悠久，积累了丰富的管理经验和研究成果，面对变化的旅游市场和日益紧张的人地关系，可以更好地了解现状和应用创新的方法及科技成果，为其他旅游地提供借鉴。

# 3. 滨海旅游业发展历程

## 3.1 世界滨海旅游业发展历程

旅游活动和旅游者的出现有着悠久的历史。前人为了休闲和娱乐而进行的旅行可以追溯到古代希腊、腓尼基、中国和埃及，这些特权阶级人士深懂休闲旅行的乐趣，并有仆人和卫士陪同。旅游（Tourism）一词最早出现于大约1780年，也曾用过“Cookism”来代替，源于第一个使用组团旅游方式并发展现代旅游的人Thomas Cook (1808~1892)。1958年，第一个旅游公司Cox & Kings诞生。2003年，联合国国际旅游组织(UNWTO：The United Nations World Tourism Organization)成立，这是现代旅游业发展的里程碑，世界旅游业整合为一体，获得极大发展。经过60多年的快速成长期和多样化发展，旅游已经成为世界上最大的发展最快的经济体之一。

滨海旅游是历史最悠久的旅游方式之一，远在罗马共和国时代，去

Baiae这样的滨海度假区在富人和名人中已是非常流行。现代旅游业起源于工业革命时期的英国——第一个将休闲时间引入工业化人口的欧洲国家，将部分人口从繁重的劳动中解放出来，近代的滨海旅游地应运诞生，早在19世纪就开始接收大量旅游者的访问。随着科技进步尤其是交通系统的改进，特别是飞机的投入使用降低了旅行费用和旅行时间，使大众旅游成为可能。科技的提高同时将更多人从生产中解放出来，休闲娱乐时间增加，经济的发展使普通大众负担得起旅游消费。大众旅游使人们开始享受休闲时间带来的好处，许多以休闲为主的旅行指向滨海尤其是热带的滨海旅游地，热门旅游地包括印度尼西亚的巴厘岛、巴西、古巴、多米尼加共和国、马来西亚、波利尼西亚的众多热带岛屿、澳大利亚的昆士兰、泰国以及美国的佛罗里达和夏威夷。尤其是夏季，

**表1 新中国旅游发展史（据MingGu，Poh Poh Wong 修改）**

| 时期 | 社会经济模式 | 旅游业发展 | 政策 |
|---|---|---|---|
| 1949~1965 | “五年”计划；计划经济 | 仅作为外事活动，无成本效益分析 | 1964年建成国家旅游总部(GATT) |
| 1966~1976 | 文化大革命 | 旅游下降，部分景区关闭 | 无 |
| 1978~1992 | “七五”计划；改革开放 | 旅游作为产业地位确认；1981~1985年，入境游快速增长；1986~1990，国内游开始 | 全国范围内的旅游资源调查；关注旅游经济效益；GATT更改为中国国家旅游局(CNTA)；国家承担主要投资 |
| 1993~至今 | “十五”计划；市场经济 | 出境旅游开始 | 在国际旅游市场显示实力；旅游投资方多样化，地方政府、集资、私人和外资也加入进来；中国旅游协会(CDTA)成立 |

注：据Ming Gu, Poh Poh Wong修改

滨海旅游地接纳很多旅游者，如欧洲滨海旅游业的研究表明，即使进入发展的平缓期，滨海旅游地仍然是63%度假旅游者的最爱。发达国家地区滨海旅游业发展相对比较成熟，如地中海、爱琴海和加勒比海地区等，因起步时间较早，经历了初期的探索以及高速发展时期的巩固，目前无论发展理念、功能层次、还是系统组织形式以及整体营销策略等方面均领先世界。得益于极为发展的滨海旅游实践活动，西方学者对滨海旅游业进行了深入的问题总结和理论研究。

## 3.2 中国滨海旅游业发展历程

中国濒临太平洋西岸，拥有18000公里的大陆海岸线，14000公里的海岛岸线，岛屿6500多个，300多万平方公里专属经济区海域，200多万公顷潮间带滩涂，16万多平方公里浅海海域，自然资源丰富，人类活动集中于此。中国海岸带跨越39个纬度带，具有寒、温、热三个气候带的不同环境特点，是丰富的滨海旅游资源。据国家海洋局2012年中国海洋经济统计公报，2012年全国主要海洋产业增加值29397亿元，其中，滨海旅游业全年实现增加值6972亿元，占33.9%，居第一位，产业规模持续增大。

在中国，古代滨海旅游是由帝王和权贵人士的沿海巡游以及如徐霞客等文人、科学家的游历呈现。19世纪中叶，用于避暑和疗养的北戴河海滨得到开发，我国现代滨海旅游业开始形成。新中国成立初期，旅游业有所发展。大跃进(1958~1960)和文化大革命(1966~1976)期间，极左思想认为休闲和旅游是非生产力而受到打击，中国旅游业大大后退。1978年，邓小平的改革开放政策实施后，旅游业才被认为是一种经济手段和实现现代化的必要组成部分。出境旅游得到发展，基于中国与海外旅游目的地双边协议的中国公民出境旅游目的国系统(ADS)得以建立。新中国旅游发展史见表1。20世纪90年代以来，滨海旅游随着我国整体旅游的大发展而为人们所喜欢，海滨休闲度假、异质景观欣赏体验、亲近大海等需求得到极大满足，沿海地区也顺应形势，陆续开发了各种各样的滨海旅游接待、服务、娱乐设施来迎合旅游者需求，并推动当地经济发展和社会交流。旅游业较为成熟的省市大多分布于沿海地区，在

旅游发展中扮演重要角色。滨海旅游业发展在全国旅游业中居于首位，占到产值的50%以上，和世界滨海旅游业状况相似，在所有海洋产业中，滨海旅游业也一直处于数一数二的地位，是发展海洋经济的有力途径(表2)，是新时期我国海洋主导产业之一 。

滨海休闲度假旅游是我国"十一五"期间重点发展的旅游产品，滨海旅游业开发全面进行。不足的是，我国滨海旅游地多数国际知名度不高，虽然国际旅游者近年来有所提升，海滨旅游仍以国内旅游者为主。随着旅游休闲时代的到来，越来越多的旅游者将选择滨海目的地，为我国滨海旅游业的发展提供了契机。

**表2 近年来中国滨海旅游业经济统计**

| 年份 | 滨海旅游业增加值 | | |
|---|---|---|---|
| | 金额(亿元) | 占主要海洋产业增加值比重(%) | 比上年增长比率(%) |
| 2005 | 2031 | 29.7 | 32.4 |
| 2006 | 2400 | 25.6 | 17.6 |
| 2007 | 3242 | 31.08 | 19.9 |
| 2008 | 3438 | 28.08 | 0.2 |
| 2009 | 3725 | 28.7 | 12.3 |
| 2010 | 4838 | 31.2 | 7.9 |
| 2011 | 6258 | 33.4 | 12.5 |
| 2012 | 6972 | 33.9 | 9.5 |

**数据来源：2006~2012年中国海洋经济统计公报。**

## 4. 世界滨海旅游业现状和趋势

### 4.1 世界滨海旅游活动总体趋势

滨海旅游业从单一观光型向休闲度假型转变。旅游和休闲经常被认为是可以支持社会经济发展和当地社区健康的手段，可以将当地传统的经济多样化，以减轻资源需求压力和加强环境保护。尤其是作为旅游产品的关键之一，休闲游被加强，使休闲成为生活方式的一部分。如欧洲的英国、德国、西班牙以及亚太地区的日本、韩国等地每年进行度假旅游消费的旅游者均占到了其旅游总人数的50%以上。美国未来学家甘赫曼将人类社会发展的第四次浪潮预言为“休闲时代”，随着休闲时代的到来，休闲体验将成为旅游者消费需求的一大特征，滨海旅游可以满足这一需求。

旅游活动的多元创新发展趋势。以假日旅游为主的滨海旅游业，持续时间较长，旅游者不再仅仅满足于阳光、大海和沙滩的“3S”(sun, sea and sand)的体验，旅游中追求更多的参与性，需求更多彩多姿的滨海活动如海滨运动、主题游、文化游、购物等；固定单一、使人置身其外的滨海旅游方式如观光游不再适合市场需求，有竞争力的旅游地需要发展多样化的旅游方式，如引入乡村游(农家乐)、会议游、体育赛事、媒体参与、特色节事(如美食节)等富有活力、情趣，具有鲜明特色的旅游方式，更加多样化、人性化和人文化，吸引不同类型游客参与旅游活动。

个性旅游内容扩展。个性旅游包括闪游、自由行、背包游、自助游、漂流行、婚庆游、单身游等多种多样不同于主流旅游形式的旅游，属于小众旅游模式。以闪游为例，闪游是一种短期、融旅行和交友于一体的休闲活动，是一种AA制的旅游。闪游花费时间短，旅行方式新鲜刺激，释放压力的同时还可以结交各种朋友，得到不少年轻人的热爱。通信、交通工具的日益发达是闪游产生的外部条件，年轻人渴望了解社会、多交朋友的心理则是付诸旅游行动的心理因素。

### 4. 2 世界滨海旅游者现状分析

游客量和旅游收入均在波动中上涨。从1950年到2008年，国际游客到达量从2.5亿涨到了9.22亿，受经济危机影响，2009年又下降到8.8亿，2010年、2011年分别达到9.4亿和9.83亿，2012年上升至10.35亿人，长期来看，从2010年至2030年世界国际游客到达量将保持年3.3%的增长率，在2030年达到18亿人。社会人口统计学的变化，如平均寿命增长、工时缩短、可支配收入的增加，使客源也趋向复杂，不同的年龄构成和社会经济水平的旅游者都能参与到旅游活动中来，从而使旅游地面临更大的挑战。将旅游者分门别类，根据不同市场的需求提供针对性的服务，以满足更多阶层各个层次的旅游者的需求。

随着人们的生活质量和文化水准不断提高，求知欲增强，出游经验增多，旅游需求多样性、个性化趋势越来越明显，多元化、高层次的滨海旅游业将是未来发展方向。传统的包价旅游和其他形式的团队旅游比例不断下降，越来越多的人开始选择小团体、家庭旅行、个体自由组合等旅游模式，更为自由随意。游客不仅注重旅游业各部门向其提供的各项旅游产品的质量，而且对旅游产品外围环境的质量要求也越来越高。旅游者追求的将是更富特色，能够体现其个性特征的旅游产品，更注重旅游的主题与文化内涵。

“老人市场”不断扩大。由于医疗进步、教育水平明显提高和经济发展，人均寿命增加。目前，全世界60岁以上老年人口总数已达6亿，有60多个国家的老年人口达到或超过人口总数的10%，进入了人口老龄化社会行列。退休的老人，有经济支付能力和时间参与旅游活动，是不可忽视的旅游者组成部分。2010年，我国老龄人口总量将突破1.74亿，2026年超过3亿，2041年将达到4亿，老龄化是一个责任社会无法回避的问题。与此直接对应的是，在老龄人商品消费需求总量在6000亿元的背景下，当前每年的市场供应量却不足千亿元。近年来，老年人报名出游人数逐年增长。老人消费喜欢结伴行动，多“扎堆”消费，“银发经济”蕴藏着巨大的旅游商机。

滨海旅游者的增加，导致日益增长的对高质量的海滨环境、有吸引力的滨海社会文化的需求。旅游地更加注重对旅游发展带来的正面和负面影响的认识，尤其是对负面影响，加以防范和阻止，以保护滨海环境和海岸线，维护旅游地赖以存在的吸引点和保障当地居民生存环境。随着环保概念逐渐深入人心，滨海旅游地自然属性的重要性大为提高，“生态旅游”、“绿色旅游”、“低碳旅游”、“责任旅游”、“乐活旅游”等可持续的旅游方式越来越被人们中意，旅游地在引入环保科技、节能管理方面做更多的工作，这样，不仅可以保护滨海环境，还可以获得良好的声誉。

**图2 马尔代夫滨海度假** **盛永利/摄**

表3 2011年17个主要客源国的入境旅游人数和增长情况

| 国家 | 入境旅游人数(万人次) | 与上年比较(%) |
|---|---|---|
| 韩国 | 418.54 | 2.67 |
| 日本 | 365.82 | −1.96 |
| 俄罗斯 | 253.63 | 7.0 |
| 美国 | 211.61 | 5.3 |
| 马来西亚 | 124.51 | −0.01 |
| 新加坡 | 106.3 | 5.91 |
| 越南 | 100.65 | 9.4 |
| 蒙古 | 99.42 | 25.15 |
| 菲律宾 | 89.43 | 7.97 |
| 加拿大 | 74.8 | 9.15 |
| 澳大利亚 | 72.62 | 9.8 |
| 德国 | 63.7 | 4.67 |
| 印尼 | 60.87 | 6.15 |
| 泰国 | 60.8 | −4.33 |
| 印度 | 60.65 | 10.4 |
| 英国 | 59.57 | 3.61 |
| 法 国 | 49.31 | −3.82 |

## 4.3 世界滨海旅游目的地现状

旅游目的地增多，竞争增大。1950年，15个目的地国接待了98%的国际游客，到了1970年，数据降到75%，而2007年，这一数字仅为57%。越来越多的旅游目的地建立，分流游客。尤其是在发展中国家，旅游对当地经济的发展作出巨大贡献。愈加发展的滨海旅游业竞争增加，需要高素质的旅游从业人员，更高层次的职业素养和技巧培训，以保证服务质量，并采纳跨国公司奉行的国际标准服务守则，为国际国内旅游者提供难忘的体验。

随着国际互联网的快速发展，旅游者对及时便捷的网络服务需求将滨海旅游业带入信息时代，旅游地也要积极借网络进行推广，抢占市场份额。借鉴世界成功营销和推广经验，将之引入并进行本土化操作，吸引旅游者前来。

旅游者继续向东亚及太平洋地区转移。目前，世界旅游形势变为欧美衰落、亚洲崛起、非洲萌芽，在世界旅游市场六大区中，亚太地区地位日益凸显，全球旅游市场的重心正在向亚太地区转移。本地区市场规模大，是近20年来世界旅游业发展最快的地区。据统计，其接待人数每年以17%的速度上升。作为世界旅游客源地与目的地，一方面，它已成为潜力巨大的客源地；另一方面，它仍是北美和欧洲客人出行的焦点。据估计，2020年亚太地区国际旅游接待人数占国际旅游接待的份额将增加到25%，在国际旅游市场上形成欧洲、亚洲太平洋地区和美洲三足鼎立的格局。

## 5. 中国滨海旅游业市场与现状分析

目前，我国关于海洋旅游市场发展的研究很少，基本上处于起步阶段，即使是各地方海洋旅游研究中也很少关注海洋旅游市场，仅有的研究也只是对现在海洋旅游市场构成及存在问题的简要分析。在如今滨海旅游业发展快速的今天，这方面的研究显得尤为迫切。分析中国旅游市场特征，结合国际市场趋势，以期为我国滨海旅游业市场定位提供指导和依据。

### 5.1 中国旅游业国际市场

2011年中国旅游业统计公报显示(表3)，韩国、日本、俄罗斯、美国、马来西亚位居主要国际旅客客源国的前五位，总体境外旅游人数达到1374.11万人次。韩国市场始于1992年中韩两国建交后，一直保持高速增长的态势，商务型旅游多，与东北、山东和江苏等邻近沿海城市往来频繁，由1999年的99万人次，迅速达到418.54万人次，跃居中国海外客源第一名，随着中韩商贸合作不断加深，韩国市场开拓余地还很大。日本作为世界上第三大经济强国，亚洲仅次于中国的第二大经济强国，旅游需求强烈，国民有着悠久的旅游传统，是亚洲最大的旅游客源国，每年有几千万人出游，中国吸引了其中365.82万人，大有潜力可挖。总体来说，经济发达国家游客市场是中国较有潜力的海外客源。亚洲地区有10个国家进入我国17大客源国，来华人数近1486.99万人次，占入境外国人约65.4%，是重要的客源市场。据WTO统计，90年代区域旅游者占全世界旅游者总数的三分之二，2011年该数据升至五分之四，区域间旅游愈加重要。亚太各国互为客源市场和目的地的现象更加普遍，大部分国家内的周边市场仍将是本国旅游客源的主体市场，所以亚太地区仍然是我国主要国际旅游客源地。预计2010年，亚太地区各国之间的区域旅行人数占来访的国际入境游客人数的份额，将从1990年的73%上升到80%左右[35]。亚太地区国际游客到达数持续增加（图3），自2005年至2011年增长率达到5.9%，2011年市场份额达到22.1%，是全球重要的旅游集散地。

据中国近6年来国际游客量及国际旅游收入情况(图4)，无论从接纳的国际游客量、还是国际旅游收入上，中国近年来都保持了相当高的水准。在国际排行上，中国2011年接收的国际游客量居世界第三位，国际旅游收入则居第四位。2011年，在最多被国外旅游者访问的100个城市中，有排名第一的中国香港，游客访问量达到2183万人次，中国澳门位列第五，达1293万人次，深圳排名第八位，游客量达1089万人次，还有广州（第11位）、上海（第14位）、珠海（第40位）、杭州（第42位）等沿海城市上榜，实力强劲。WTO预言21世纪的旅游者将会旅行得更远，中国将会在2020年成为世界上排名第一的旅游地。

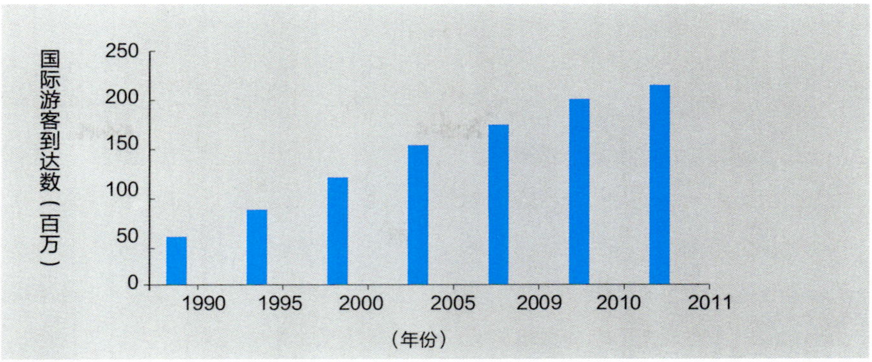


图3 代表年份亚太地区国际游客到达数

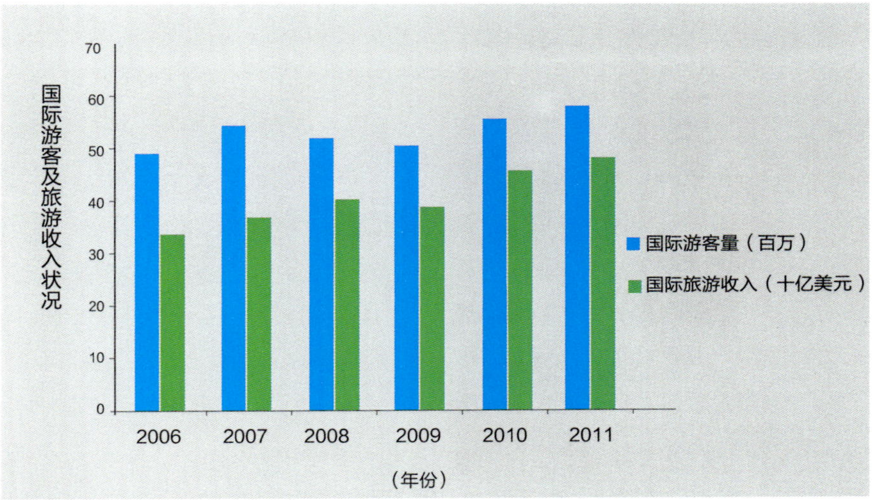


图4 2006~2011年国际游客及旅游收入状况

## 5.2 中国旅游业国内市场

中国的境内游客人数同人民收入及休闲时间的增加息息相关，人民生活水平提高是旅游的重要因素。国际旅游统计表明，当一国人均国民生产总值达到800~1000美元时，居民将普遍产生国内旅游动机，达到4000~10000美元时，将产生国际旅游动机。2010年中国人均GDP4400美元，国民国内旅游和国际旅游具有了前提条件。

随着中国改革开放的深化、中产阶级兴起以及旅行限制的减少，中国的旅游业得到了快速发展。国家旅游局也积极对旅游业进行主题推广和旅游事件推广，1992年旅游主题为友好观光年，然后是山水旅游年、历史文化遗产旅游年、民俗旅游年、假日旅游年、生态旅游年，从2000~2012年，主题分别为世纪旅游年、体育健康旅游年、民间艺术旅游年、美食王国旅游年、新生活旅游年、中国旅游年和北京2008欢迎你旅游年、中国生态旅游年、世博旅游年、中华文化旅游年和中俄旅游年，为主题旅游年宣传和推广取得丰富经验。2013年设定为中国海洋旅游年，以“体验海洋，游览中国”、“海洋旅游，引领未来”、“海洋旅游，精彩无限”为宣传口号进行推广，为开发海洋旅游资源、丰富海洋旅游产品，提升中国海洋旅游国际竞争力提供契机。

与此同时，旅馆和餐饮服务纷纷建立和扩张，所有大中型的城市和旅游景区都具备了完善的服务设施，可以为中外旅游者提供旅游服务。旅游业在国家层面得到认识和重视，国家对旅游业政策的倾斜，其增长将取决于自身对于成熟旅游经济体成功经验的吸取与借鉴，大规模开发包括滨海旅游的时机已经到来。

我国旅游市场仍以短程旅游为主，大部分的游客仍然选择到离老家不远的景点去旅行，长途旅游者有较大的发展。有关中国旅游业需求的分析表明，中国居民的个人旅游消费仍然超过国际旅游者给国内旅游带来的收益，这也意味着，境内旅游业的发展应当受到重视。尤其是中国的城市居民，如北京、上海和广州等发达城市的居民，出游的可能性更高。旅游者从经济发达区到其他地方的旅游活动，带动资金流向经济欠发达区，为经济发展的平衡性做出贡献。在跨省长距离旅游市场上，客源产生相对集中在经济发达的珠江三角洲、长江三角洲及京津地区和山东省等。观光游客比重大，会议商务旅游比重小。旅游花费总体水平在大幅度攀升，但总体消费水平较低。国内旅游不仅为各个旅游地及地方政府尤其是偏远地区带来经济上的收益，还可以为促使人们加深对于各个民族的生活方式和文化的了解。为了顺应国内旅游发展大趋势，国家实行了 “黄金周”休假制度和带薪休假制度，刺激国内旅游消费。由于旅游者出游时间比较集中，导致三个“黄金周”景区人满为患。2007年国家进一步调整了假期政策，总天数不仅有所增加，清明节、端午节、中秋节、农历除夕等民族传统节日还被定为国家法定节假日，以及职工带薪休假规定，为居民外出旅游提供了时间和经济上的可能，也期待有效缓解出游时间集中的问题。1999年落实的五日工作制，给民众得以在周末进行短途旅游的机会，为国内旅游作出贡献。

国内旅游业开始进入全新一代消费者时代，当代旅游者对媒体和通讯更加熟悉，资讯获取更加便捷，对潮流和时尚更加敏感，需求更加多样化。所以，在制订旅游营销策略时，要照顾到不同层面的旅游者。虽然从现状来看，我国旅游者多喜欢“走马观花”，但是一个明显的趋势是旅游者尤其是高端旅游者开始寻求个性化的旅游产品，老旧和高度僵化的赶鸭子似的旅游产品无法满足当今旅游者的需求。这些游客追求的是更自由、更灵活的行程选择。旅游地需要更好的设计旅游活动内容及线路，以给游客个性化的体验。由于国内的人口向城市尤其是大中城市快速大量积聚，意味着旅游者的城市人口构成也会大大增加，城市人的生活习惯、思维方式会影响目的地，并促使目的地改造成“类城市环境”以吸引这部分游客。改变当地生活方式和社会结构的同时，更高的生活标准产生更多的消耗。

随着我国对休闲、时尚、度假旅游的提倡，作为休闲度假游的重要载体的滨海旅游业必将受到更多旅游者的青睐。特别是海南“国际旅游岛”的开发，掀起了新一轮的滨海旅游业开发热潮，目前滨海度假旅游发展迅猛，我国环渤海经济圈、长三角经济圈和珠三角经济圈客群基础雄厚，同时也是滨海资源丰富的地区。随着社会经济的发展，人民生活水平提高，出游能力增加，旅游海滨也将能为更多的中层消费者所接受，成为大众化的流行旅游方式。

## 6. 结语

海洋对人类至关重要，滨海旅游是发生在海岸带的主要人类活动之一，并且是世界上最大的产业(群)——旅游的最传统的、主要的、也是增长最快的形式。滨海旅游业依托优越的海滨自然环境，成为旅游的热点地区，大众旅游发展，在创造经济效益的同时对环境也造成一定压力，科学合理地开发滨海旅游资源和管理滨海旅游活动对滨海旅游业的可持续发展至关重要。

我国滨海旅游业是伴随我国旅游业整体发展的加速而壮大，其开发速度和规模日益提升，创造了旅游业一半以上的收入，也成为发展海洋经济的有力途径。如今，旅游活动呈现休闲化、多元化、个性化的特征，国际滨海旅游市场尤其是亚太市场旅游者数量持续增加，旅游目的地增多且竞争力增大；国内旅游业快速发展，积累了一定的成功经验，旅游市场尤其是经济富裕地区的旅游市场获得长足发展，旅游者需求多样化加上休闲旅游兴起，使得我国滨海旅游业发展面临来自国际和国内的机遇和挑战。

**参考文献**

[1] United Nations Conference on

environment and development.21 Agenda. Brazil:UNCED,1992.

[2] Kay R, ALDER J. Coastal planning and management. London: E & FN Spon, 1999.

[3] Berkes F. Common property resources: Ecology and community-based sustainable development. London, 1989.

[4] Ehler C, Fanny D. Visions for a sea change. Report of the First International Workshop on Marine Spatial Planning. Intergovernmental Oceanographic Commission and Man and the Biosphere Programme. IOC Manual and Guides, 46: ICAM Dossier, 3. Paris: UNESCO, 2007.

[5]World Tourism Organization (WTO). Tourism highlights edition[R]. 2003.

[6]Newsome D, Moore S A, Ross K. Dowling. Natural area tourism: ecology, impacts and management[M]. Clevedon: Channel View Publications, 2002:8.

[7]World Travel & Tourism Council and International Hotels & Restaurant Association. The global importance of tourism. New York: Department of Economics & Social Affairs, 1999.

[8] 谷明．国外滨海旅游研究综述 [J]. 旅游学刊 ,2008,23(11): 87–94. [GU Ming. Review on Coastal Tourism Studies in Foreign Countries. Tourism Tribune, ,2008,23(11): 87–94.]

[9]Ehler C, Douvere F. Visions for a Sea Change. Report of the first international workshop on marine spatial planning. intergovernmental oceanographic commission and man and the biosphere programme[M]. IOC Manual and Guides, 46: ICAM Dossier, 3. Paris: UNESCO, 2007.

[10]Yunis E. Sustainable development and management of tourism in coastal areas. Madrid: World Tourism Organization,2001.

[11] 周国忠，张春丽．我国海洋旅游发展的回顾与展望 [J]. 经济地理 ,2005,25(5):724–727.

[12]Millennium Ecosystem Assessment. Washington: Island Press, 2005.

[13] 谷明．国外滨海旅游研究综述 [J]. 旅游学刊 ,2008,23(11): 87–94.

[14]Hall C M, Page S J.The Geography of Tourism and Recreation: Environment,Place,and Space( 3rded.) [M]. London; Abingdon, Oxon; NewYork, NY: Routledge, 2006.292.

[15] 陈国生．福建滨海旅游业发展研究 [J]. 海洋开发与管理，2008(7):109–113.

[16]Hall D. Stalinism and tourism: a study of Albania and north Korea. Annals of Tourism Research,1990,(17):36–54.

[17] 徐勇，黄欣．国外大众旅游对海滨环境影响的研究进展 [J]. 旅游学刊 ,2009,24(5):90~95. [XU Yong, HU xin. Study progress of the impact of mass tourism on coastal environment abroad. Tourism Tribune, 2009,24(5):90–95.]

[18] 谢朝武，郑向敏．假日旅游高峰对旅游生态环境的破坏及对策分析 [J]. 旅游科学 .2001(3):33–35.

[19]Gee, C. Y., Makens, J. C. & D. J. L. Choy. Higinio, E. & Munt, I. 1997. The Development of Travel, Chapter 2 in The Travel Industry, 3rd edition, New York: Van Nostrand Reinhold, pp:21–37.

[20]http://www.coxandkings.co.uk/aboutus–history.aspx

[21]UNWTO (Tourism Highlights 2008 Edition)

[22]EUROPEAN COMMISSION. Luxembourg: Office for Official Publications of the European Communities, 2000 Towards quality coastal tourism Integrated quality management (IQM) of coastal tourist destinations http://ec.europa.eu/enterprise/sectors/tourism/files/studies/towards_quality_tourism_rural_urban_coastal/iqm_coastal_en.pdf

[23]European Commission, DG XXIII, ‘Fact and figures on the Europeans on holiday 1997–98’, Eurobarometer, 48, Brussels, 1998

[24] 曲凌雁，世界滨海海岛地区旅游开发经验借鉴 [J]. 世界地理研究 WORLDREGIONALSTUDIES 14.No.3, 2005:80–85.

[25]Zou K Y. Implementing marine environmental protection law in China: progress, problems and prospects. Marine Policy,1999,23(3): 207–225.

[26] 国家海洋局．2012 年中国海洋经济统计公报．北京：国家海洋局 ,2013.

[27]Chow, W. 1988 Open Policy and Tourism between Guangdong and Hong Kong. Annals of Tourism Research 15:205–218.

[28]Christine Lima, Ying Wang China’s post–1978 experience in outbound tourism Mathematics and Computers in Simulation 78 (2008) 450–458.

[29]Ming Gu_, Poh Poh Wong. Coastal zone management focusing on coastal tourism in a transitional period of China. Ocean & Coastal Management 2008 (51)：1–24.

[30] 楼东，谷树忠，钟赛香．中国海洋资源现状及海洋产业发展趋势分析 [J]. 资源科学 ,2005,27(5):20–26.

[31] 梁保尔．我国滨海休闲度假旅游发展研究 [J]. 旅游科学 ,2006,(3 ):43–46. [LIANG Baoer. A study on coastal leisure and holiday – making tourism in China. Tourism Science, 2006,(3 ):43–46.

[32]Joudrey A D, Wallace E J. Leisure as a coping resource: A test of the job demand–control–support model[J]. Human Relations,2009,62(2):195–217.

[33]World Tourism Organization. WTO World Tourism Barometer January 2010. 2010.

[34]Saveriades A.Establishing the social tourism carrying capacity for the tourist resorts of the coast of the Republic of Cyprus. Tourism management,2000,21:147–156.

[35] 马勇，周娟．亚太旅游市场分析与营销战略创新 [J]. 世界地理研究 ,2003,12(4):90–95.

[36]World Tourism Organization. UNTWO tourism highlights 2012 Edition. 2012.

[37]World Tourism Organization. WTO world tourism barometer interim update, April 2010.

[38]World Tourism Organization.WTO news:2nd quarter, Issue 2.Madrid, Spain,2000.

# 海洋旅游——发展概况、开发模式及城市投资价值评价

# Marine Tourism — Development Overview, Development Mode and Urban Investment Value Assessment

文 / 曾现进

**【摘 要】**

近年来，海洋旅游在世界范围内持续升温，加之2013年被国家旅游局确定为“中国海洋旅游年”，在我国掀起了一股海洋旅游及投资热潮。本文介绍了海洋旅游发展概况、开发模式、发展趋势，建立3S模型评价体系，对我国53个沿海城市的海洋旅游资源及投资价值进行评价，以期为海洋旅游研究提供帮助。

**【关键词】**

海洋旅游；3S模型；海岸类型；海洋旅游资源评价；海洋旅游投资

**【作者简介】**

曾现进　风景大地旅游投资管理有限公司旅游数据分析师

**注：本文区域分析图底图来源于国家基础地理信息系统**

# 1. 海洋旅游发展

## 1.1 海洋旅游的概念

“海洋旅游”是指在一定的社会经济条件下，以海岸、海面、海岛等海洋空间为依托，以满足人们精神和物质需求为目的而进行的海洋游览、娱乐和度假等活动所产生的现象和关系的总和[1]。按照活动空间差别，海洋旅游可分为滨海旅游、海岛旅游、远海旅游、深海旅游和海洋专题旅游。

## 1.2 海洋旅游资源

海洋旅游是发生在滨海、近海、深海及大洋地区，以探险、观光、娱乐、运动、疗养等为目的的旅游活动形式，与陆地旅游相比，海洋旅游具有迥然不同的旅游资源。

（1）舒适的气候条件

海水的比热大，与陆地相比，海水升温慢降温也慢，因此，海洋被称为地球气候调节器。受海洋的影响，滨海地区及海岛、海面上，大气温度变化小，气候舒适度较高，因此成为绝佳的避暑、避寒胜地，同时，临海地区环境宜人、空气洁净清新、阳光充足，适于观光游览、度假疗养旅游等。气候越舒适，其旅游投资价值越高。

表1 海洋旅游活动类型[2]

| 大类 | 基本类型 |
|---|---|
| 滨海旅游 | 海岸生态观光、水体观光、海洋天象气象、海滨休闲娱乐、海滨休疗养、水上体育活动、海洋历史文化体验等 |
| 海岛旅游 | 海岛度假休闲、海岛生态观光考察、海岛探险、海岛文化体验、海岛景观观光等 |
| 远海和深海旅游 | 远洋科学考察、航海体育竞技、沉船探测打捞、海底探险等 |
| 海洋主题旅游 | 邮轮游艇旅游、海洋节庆活动、海洋军事体验、海洋博物馆、海洋美食体验等 |

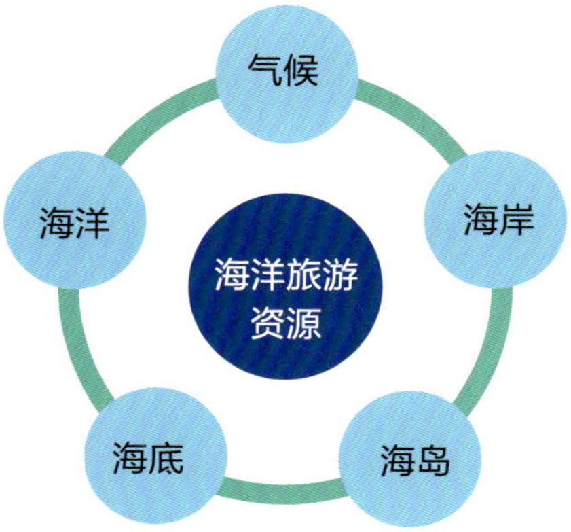


图1 海洋旅游资源

（2）多样的海岸类型

不同的地质构造形成不同的海岸类型，世界上的海岸类型大致可分为基岩海岸，沙质海岸，淤泥质海岸和生物海岸，生物海岸又可分为红树林海岸、珊瑚礁海岸。基岩海岸由坚硬的岩石组成，受海水的侵蚀，基岩海岸往往形成造型奇特的海蚀柱、海蚀洞等基岩景观。沙质海岸往往沙软滩平，海水清澈，开辟成海水浴场，可以进行日光浴和各种娱乐活动。淤泥质海岸由细颗粒的淤泥组成，多分布在大河入海口沿岸地区。红树林海岸是由耐盐的红树林植物

图2 加纳利滨海沙滩的布局层次　　陈耀/摄

群落构成，分布在潮间带泥滩上，形成奇特的生物景观。

（3）迷人的海岛风光

海岛指散布于海洋上，面积不小于500平方米的陆地。海岛的类型按成因可分为大陆岛、海洋岛和冲积岛，按物质组成可分为基岩岛、沙泥岛、珊瑚岛，世界上的海岛的成因不同，组成成分各异，自然景观和人文景观也多彩纷呈。

（4）奇异的海底世界

在热带清澈透明的海水中，海底渔礁跌宕，五颜六色的海洋生物游弋于奇形怪状的珊瑚丛中，五光十色的贝类漫步海底，千姿百态的藻类及婀娜多姿的珊瑚，构成美丽的海底世界，通过开展潜水旅游，从而将人们带入斑斓多姿的水下世界。

（5）独特的海洋文化

人类对潮汐、岛礁、风浪、海流等海洋事物的认识，以及与海洋密切相关的海洋宗教信仰、海洋民间传说、海洋民俗风情、海洋服饰等，这些内容便由此形成了海洋文化。

### 1.3 海洋旅游的发展

（1）国外海洋旅游的发展

19世纪中叶地中海沿岸旅游度假地的出现，标志着海洋旅游的兴起；20世纪初，全球范围内出现了前所未有的海洋旅游热，地中海沿岸、加勒比海地区的海滨成了极负盛名的旅游度假胜地[3]；20世纪60年代，伴随着经济的飞速发展、大众旅游的兴起，海洋旅游开始进入了繁荣阶段，亚太地区海洋旅游飞速发展，泰国的普吉岛、印尼的巴厘岛等成为新的海洋旅游热点；到今天，海洋旅游业已经成为世界发展最快的旅游行业之一，海洋旅游已成为人们生活的一部分。

2007年世界海洋旅游业收入已占全球旅游总收入的一半以上，40个全球顶级旅游目的地中，就有37个是滨海地区。2007年西班牙接待过夜游客达2.7亿人次，在欧盟国家居于首位。美洲海洋旅游形成了以滨海大都市为旅游目的地的滨海商务旅游，和以热带海滨、海岛为旅游目的地滨海度假旅游共同发展的局面。2007年加利福尼亚州海洋旅游人数高达5.6亿人次，比美国所有国家公园的游客总数还要多。根据世界旅游业理事会（WTTC）报告，2006年斐济群岛旅游业收入占到GDP的26%，印度尼西亚旅游收入435亿美元，占GDP的7.5%，是世界旅游业发展速度最快的国家之一[4]。

（2）国内海洋旅游的发展

我国海洋旅游最早开始与19世纪末期，清政府将北戴河滨海作为皇家避暑和疗养胜地，但直到改革开放之后，我国海洋旅游业作为一项独立产业才开始蓬勃发展。据统计，1985年仅临海的大连、秦皇岛、烟台、威海、青岛等15个城市接待来华旅游人数就高达170多万人次，旅游收入达5亿多元，1990年旅游人数增长到255万人次，比1985年增加了45.6%，旅游收入比1985年增加3.7倍[5]。进入21世纪以来，我国滨海旅游业继续保持强劲的增长态势，我国滨海旅游接待人数、旅游收入均居世界前列，滨海旅游业已成为我国海洋经济的支柱产业之一。

中国海洋旅游业起步较晚，20世纪80年代开始发展，但随后一直保持强劲的增长势头，随着海洋旅游的快速增长，国家高度重视海洋旅游开发，并出台了相关政策。九五初期，国务院制定了《中国海洋21世纪议程》；“十一五”期间，国务院出台了《全国海洋经济发展规划纲要》；2009年12月，国务院42号文件把推动北部湾经济区建设上升为国家战略；2009年底，国务院44号文件全面提出海南国际旅游岛建设，将海南打造成为世界一流的海岛休闲度假旅游目的地，积极稳妥推进开放开发西沙旅游，有序发展无居民岛屿旅游；2011年，国务院正式批复山东半岛蓝色经济区发展规划。

2005年我国海洋旅游业增加值为2031亿元，占主要海洋产业增加值的比重为28%，2007年海洋旅游业增加值增长到3242亿元，占主要海洋产业的比重提高到31%。受金融危机的影响，2008年海洋旅游业收入增速放缓，但随后2009年开始回升，海洋旅游业收入及其在主要海洋产业的比重持续增加，2012年海洋旅游业增加值达到6972亿元，占主要海洋产业的比重高达34%[6]。

## 2. 海洋旅游典型开发模式

（1）“主题公园之都、休闲娱乐天堂”

以滨海特有的阳光、海水、沙滩等滨海旅游资源为基础，开发各种娱乐运动，打造各种主题公园，建立本地滨海旅游品牌。澳大利亚黄金海岸位于澳洲东部海岸中段，是澳大利亚最著名的滨海旅游度假胜地，众多富有趣味的主题公园和极具吸引力的水上运动，特别适合冲浪和滑水，是冲浪者天堂，丰富的休闲度假

图3 海南亚龙湾酒店 陈耀/摄

图4 巴厘岛海滩 冯笑炜/摄

设施等使黄金海岸成为世界著名的旅游城市，每年吸引超过一千万游客来此观光度假。

（2）“渔人码头”

“渔人码头”兴起于欧美，代表欧陆怀旧式的休闲，是一种港埠特有的市井文化，带有丝丝回忆的人文风情。渔人码头本指渔民休憩和出售水产品的水边场所，后来演变为依托滨水景观，辅以渔业生产经营，产业发展与观光休闲相结合的旅游经营模式，具有代表性的渔人码头有美国旧金山、加拿大的蒙特利尔和英国的利物浦等城市。

（3）“风情特色小镇”

戛纳位于法国东南部普罗旺斯风景区的地中海北岸，是法国仅次于巴黎的旅游胜地，因国际电影节而闻名于世。这里拥有优美的海湾、洁白的沙滩，是日光浴者的天堂，也是弄潮儿和享乐者的乐园。戛纳电影节举办期间，数十万人聚会戛纳，短短十几天戛纳便可赢得上亿欧元的收入[7]。戛纳城市小而游客众多，这里有高品质的电影、美术展览馆，展览世界著名画家的杰作，同时还有中世纪的城堡、考古洞穴等。

（4）城市群“大滨海旅游”

佛罗里达州位于美国东南半岛，濒临墨西哥湾，是全球顶级旅游度假胜地，每年接待游客四千万名，接待游客人数位居全美第二，仅次于加利福尼亚州，旅游业是佛罗里达州最大的产业。佛罗里达州城市之间拥有良好的竞合关系，空间上形成统一的有机整体目的地，同时发挥了一定的聚散功能，州内有奥兰多主题公园之都、棕榈滩旅游度假天堂、南端原生态海岛等，各个城市旅游产品各有特色，共同组成佛罗里达州丰富多样的旅游业态结构。

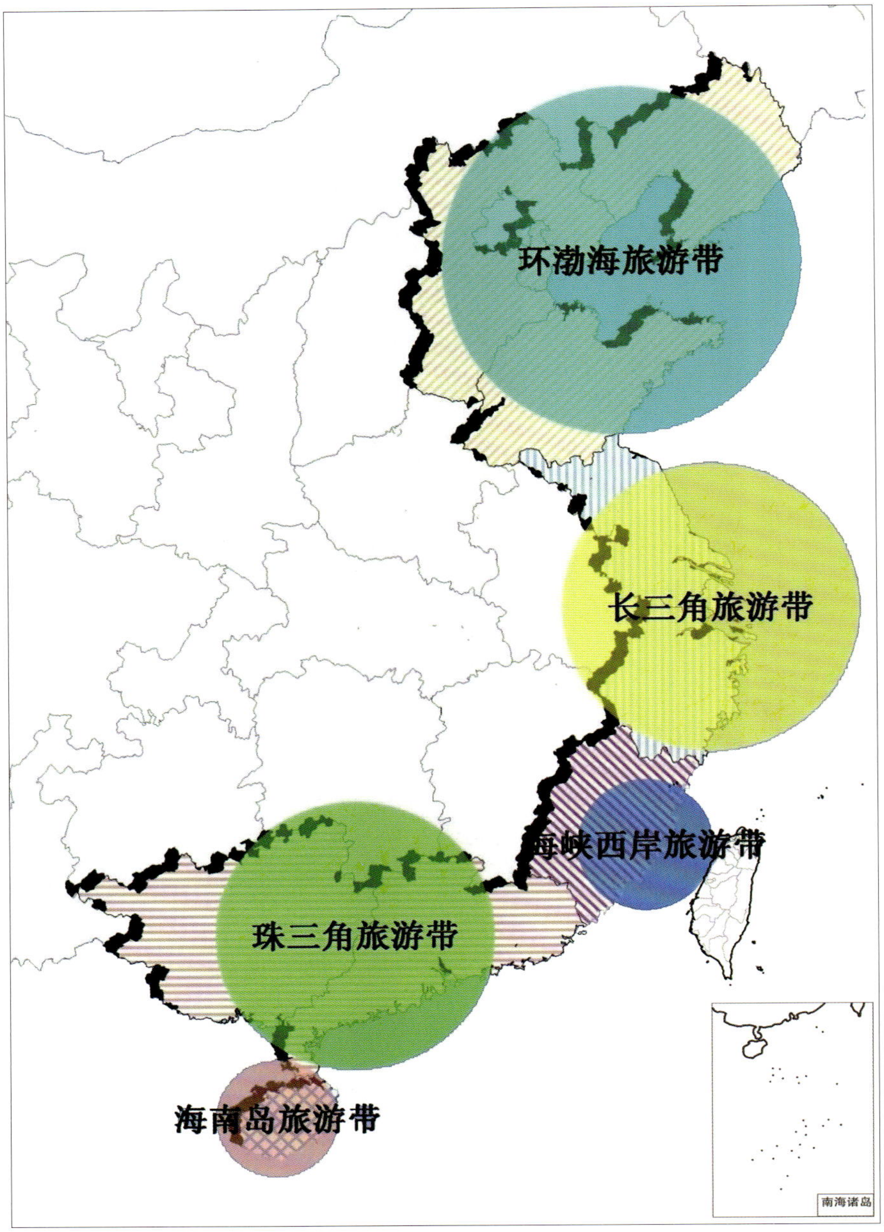

图5 五大海洋旅游带示意图

## 3. 我国海洋旅游空间格局及发展趋势

### 3.1 海洋旅游空间格局

目前，我国海洋旅游开发以沿海开放城市为中心，形成了以下五个具有不同特色的海洋旅游带[8]：

（1）环渤海海洋旅游带

环渤海旅游带包括天津、山东、河北、辽宁四省市，是以大连、秦皇岛、天津、烟台、威海、青岛等城市为中心的两岛一湾旅游带。该区域具有发展旅游观光、海水浴场等有利条件，正由避暑、休养度假单一功能逐渐向避暑、休养、观光、游览、娱乐、疗养和体育运动等多功能相结合的滨海休闲旅游地转变。该区域对日

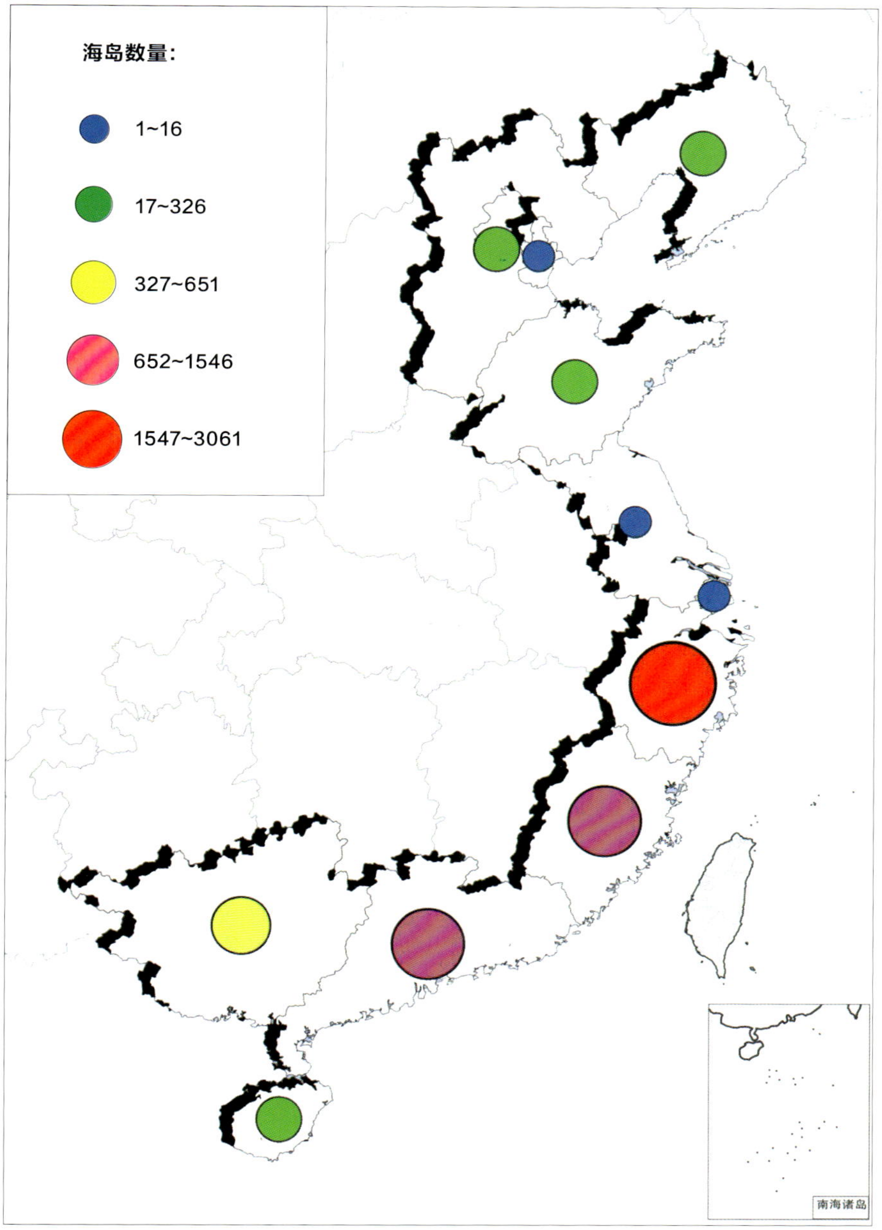


图6 海岛资源分布示意图

本、韩国、俄罗斯等国际客源市场和我国东北、华北、西北地区等国内客源市场具有极大优势。

（2）长三角海洋旅游带

长三角旅游带包括上海、江苏、浙江三省市，是以上海、连云港、宁波、舟山等城市为中心的海洋旅游带。该区域滨海旅游气候条件一般，海岸海滩资源质量不高，但海洋文化特色突出，经济水平、城市化水平高，适宜发展都市观光、邮轮旅游、海岛旅游、休闲渔业等旅游产品，该区域对日韩、东南亚和港澳台地区具有很大吸引力。

（3）海峡西岸海洋旅游带

海峡西岸旅游带是以福州、厦门为中心的福建海洋旅游带。这里分布着众多的名胜古迹，与台湾一衣带水。福建籍的华侨遍布东南亚各地，在香港、澳门也有许多旅居同胞。随着海峡两岸交流的进展，港澳台地区的旅游客源较丰富。

（4）珠三角海洋旅游带

珠三角旅游带是以广州、深圳、珠海、湛江、北海为中心，包括广东、广西两省区。该区域紧邻我国港澳地区和东南亚国际客源市场，背靠华南、西南地区，区位优势明显，外向度最高，适宜发展滨海度假、避寒疗养、滨海观光、主题公园等旅游产品。

（5）海南岛海洋旅游带

海南岛旅游带是以海口、三亚为中心，是我国最具有热带海洋性气候的地区，旅游资源得天独厚，适宜的气候和优良的沙滩使该地成为理想海水浴场和避暑胜地。海南岛是我国最具备国际旅游五大要素（阳光、海水、沙滩、植被、洁净空气）的海洋旅游目的地，有望媲美世界顶级旅游目的地夏威夷、巴厘岛、普吉岛等地。2010年，国务院发布《关于推进海南国际旅游岛建设发展的若干意见》，把在2020年将海南省初步建成世界一流海岛休闲度假旅游胜地作为国家的重大战略。可以预见，未来海南岛的海洋旅游将登上新的台阶。

## 3.2 海洋旅游发展趋势

（1）海岛旅游倍受青睐

我国海岛旅游资源丰富，是世界上海岛最多的国家之一，在300万平方千米的海域上，面积大于500平方米的海岛有6000多个。沿海的11个省、市、自治区，拥有海岛数量最多的是浙江省，岛屿数量占全国岛屿总数量的1/3以上，其次为福建省、广东省和广西壮族自治区，最少的省市是天津市、上海市和江苏省，此三者的海岛数量之和不足全国海岛总数的0.5%。东海的海岛最多，占全国海岛总数的67%，其次是南海占23%，黄海和渤海最少，低于10%[3]。

我国海岛旅游业兴起于20世纪70年代末，最早开发的海岛有海南岛、上海的横沙岛及浙江普陀岛等，随着海洋旅游热的兴起，当前我国海岛开发处于高速发展阶段。辽东半岛的长山群岛，浙江的舟山岛、普陀岛，福建的金门岛、鼓浪屿、澎湖列岛，广东的海陵岛，广西的斜阳岛、涠洲岛，海南岛等海岛开发如火如荼，每逢节假日，海南岛、崇明岛、鼓浪屿等著名海岛旅游景区人满为患[9]。近年来，国家对海岛旅游开发越来越重视，2011年4月，国家海洋局集中公布了“第一批开发利用无居民海岛名录”，共涉及辽宁、山东、江苏、浙江等8个省区176个无居民海岛，海岛旅游开发形势高涨，海岛旅游在未来必将大放异彩。

(2) 邮轮旅游方兴未艾

邮轮旅游属于海洋主题旅游的一种，是一种多功能、复合型的旅游产品，它可以提供海上游憩、观光、度假、健身、会议、婚庆、探险等旅游产品，被称为“海上流动度假村”，吸引了大批高端旅游人群。目前，全球邮轮市场份额几乎全部被四家大型邮轮集团占据，分别是美国嘉年华集团、美国的皇家加勒比集团、地中海邮轮集团和丽星邮轮集团。自20世纪70年代以来，邮轮旅游市场主要集中于北美地区，近几年，加勒比海客源市场日趋饱和，新兴地区如波斯湾、印度洋、东亚地区的邮轮市场逐渐发展起来，中国邮轮旅游市场前景十分广阔[3]。

我国邮轮旅游起步较晚，但发展十分迅速，2002年我国内地第一艘豪华游轮“假日号”在深圳起航，2006年邮轮产业被列为国家鼓励产业，2009年上海国际港务股份有限公司与意大利地中海邮轮公司成立了国内第一家合资邮轮旅行社。2009年中国邮轮出境游人次达到65万，2010年跃升为79万人次，成为全球邮轮市场的焦点。目前，我国建有国际邮轮母港的城市有上海、天津、深圳、厦门，且已建成环渤海港口群、长三角港口群、珠三角港口群等三大港口集群[3]。邮轮旅游过去被认为是贵族阶层的生活，但随着我国经济的发展，居民收入水平的提高，越来越多的普通阶层民众开始对邮轮旅游青睐有加。据预测，2020年我国可能成为世界上最大旅游目的地，邮轮旅游将成为我国海洋旅游的新亮点。

## 4. 我国城市海洋旅游投资价值评价

随着我国海洋旅游的高速增长，加之国家旅游局将2013年确定为“中国海洋旅游年”，海洋旅游迎来了新一轮投资热潮。为科学评价我国海洋旅游资源及城市海洋旅游投资价值，本文对全国53个沿海城市的海洋旅游资源进行了研究，从多属性解析城市海洋旅游资源投资价值，以期为海洋旅游资源评价及海洋旅游投资研究提供参考。

(1) 评价对象及方法

本文对我国东部53个滨海城市（包括直辖市、地级市）进行了研究，港、澳、台地区及三沙市并未纳

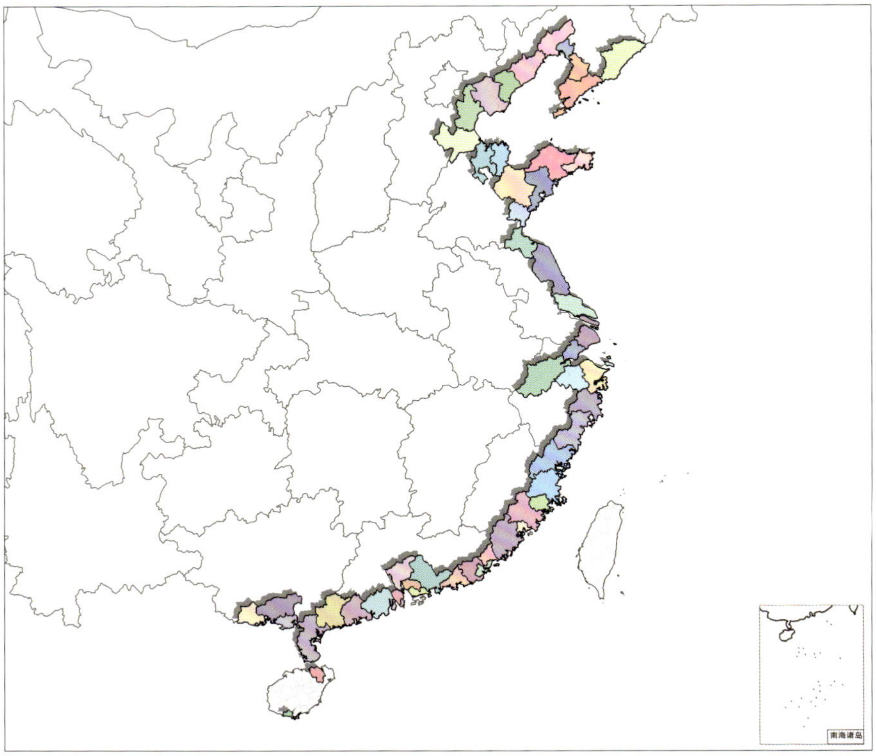

图7 评价城市

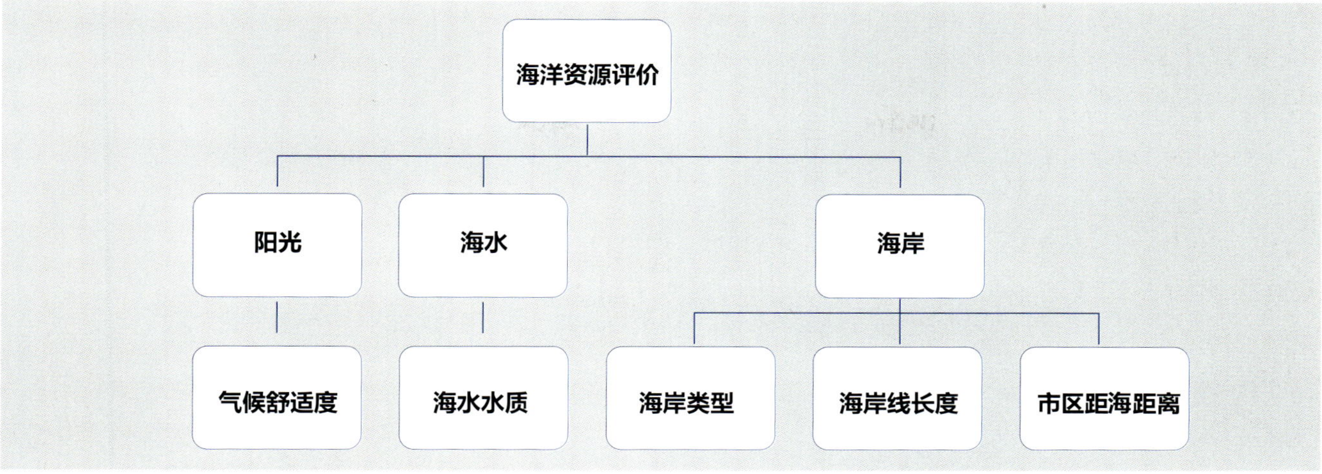


**图8 海洋旅游资源3S评价体系**

入评测体系，评价方法采用多属性决策方法，评测所涵盖的53个滨海城市如图7所示。

（2）评价指标

本文以海洋旅游三要素（3S）“阳光（Sun）、海水（Sea）、沙滩（Sand）”为基础，同时考虑数据的可获得性，构建了海洋旅游资源评价的3S模型，其中评价指标有气候舒适度、海岸线长度、市区距海最短距离、海岸类型、海水水质等。

气候舒适度：气候舒适度是指人对环境的温湿度、风力、日照等气候要素的综合效应所感知的适宜程度，它通过温湿指数、风效指数、着衣指数来计算[10]。气候舒适度得分越高，表明气候条件越宜人，海洋旅游投资价值越高。

海岸类型：海岸邻接海洋边缘的陆地，是海洋和陆地相互接触、相互作用的地带，海岸的发育复杂，海岸类型多样。海岸类型大体可分为基岩海岸、沙质海岸、淤泥质海岸和生物海岸。沙质海岸往往沙软滩平、海水清澈，开辟成海水浴场，可以进行日光浴和各种娱乐活动，因此其旅游投资价值最高；基岩海岸由坚硬的岩石组成，往往形成造型奇特的海蚀柱、海蚀洞等基岩景观，投资价值较高；淤泥质海岸由细颗粒的淤泥组成，多分布在大河入海口沿岸地区，往往是滩涂养殖的良好场所，但不宜进行旅游开发，其旅游投资价值最低；生物海岸岸线通常较短，和其他海岸类型并存，不能成为主要海岸类型，因此投资价值为附加型。

海岸线长度：中国大陆海岸线长达1.8万千米，自鸭绿江口至北仑河口大致呈弧状轮廓。对于某一滨

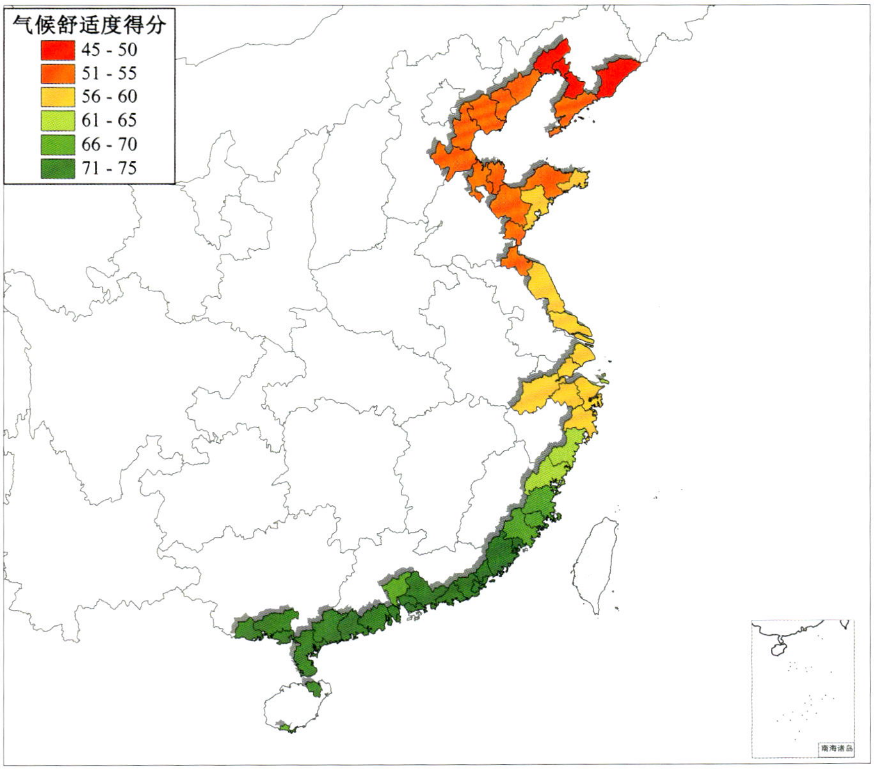


**图9 气候舒适度**

海城市而言，海岸线长度越长，意味着其海洋旅游可开发的潜力越大，海洋旅游投资价值越高。

市区距海距离：市区距海距离对旅游投资的影响在于，市区距离海洋越近，代表滨海的可进入性越好，从而旅游投资价值越大，反之，旅游投资价值越小。

海水水质：海水水质对旅游的影响较大，海水水质越差，对游客的吸引力越小，旅游投资价值越低，反之，海水水质越高，其旅游投资价值也越高。

（3）单项指标分析

①气候舒适度

从图9可知，我国沿海地区气候舒适度得分及投资价值呈现从南向北逐渐递减的趋势，其中，广东、广西、海南等地区的气候舒适度得分最高，浙江、福建等地区的气候舒适度得分较高，山东、江苏等地区气候舒适度得分居中，辽宁、河北等地区的气候舒适度得分最低。气候舒适度得分排名前十位的城市依次是海口市、湛江市、深圳市、防城港市、珠海市、茂名市、汕尾市、汕头市、阳江市、中山市，这些城市的海洋旅游投资价值较高。

②海岸类型

我国沿海地区海岸类型如图10所示，基岩海岸主要分布于辽东半岛南端、山海关至葫芦岛一带、山东半岛、浙江和福建一带；淤泥海岸主要分布于渤海西岸、江苏沿海及长江、黄河、珠江三角洲地区；红树林海岸主要分布于广东、广西、海南沿海、福建和台湾南部沿海；沙质海岸以台湾的海岸最为典型，大陆多呈零星分布，以河北、山东、广东、海南、广西

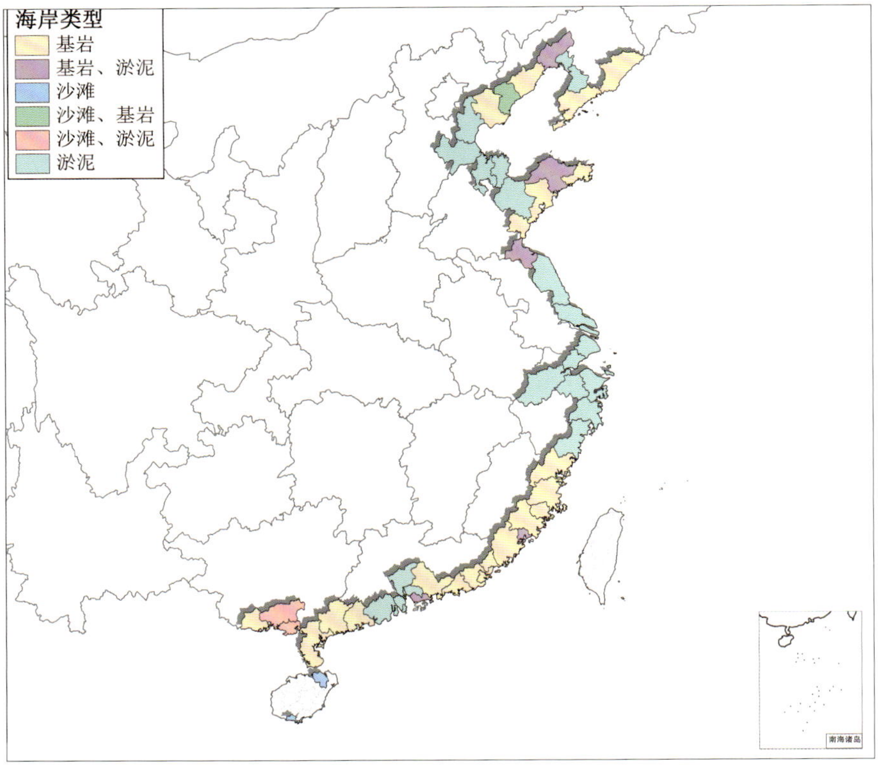


图10 海岸类型

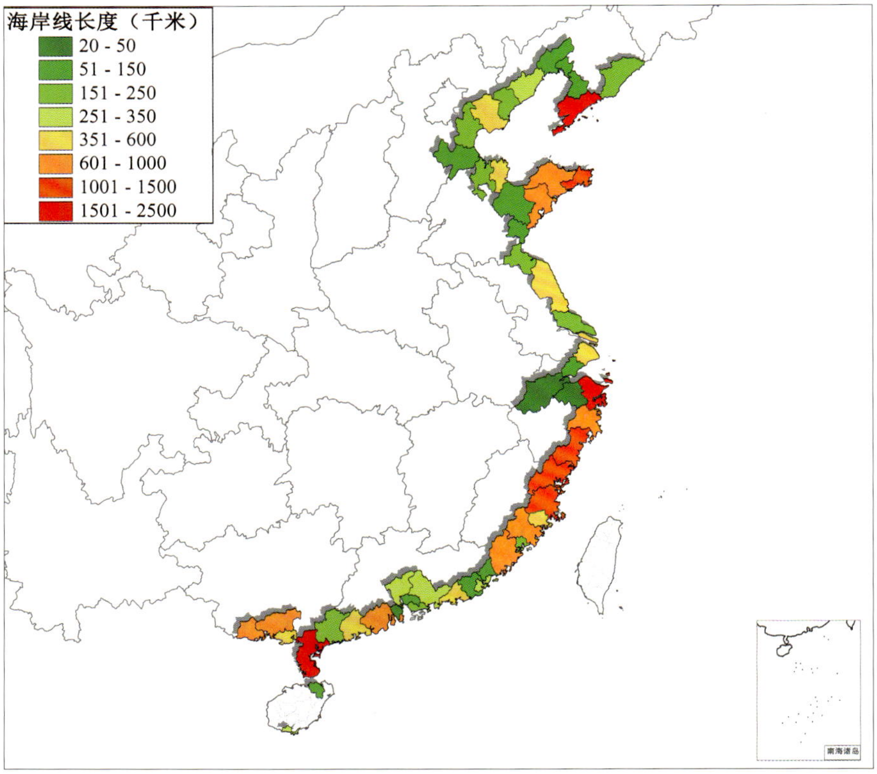


图11 海岸线长度

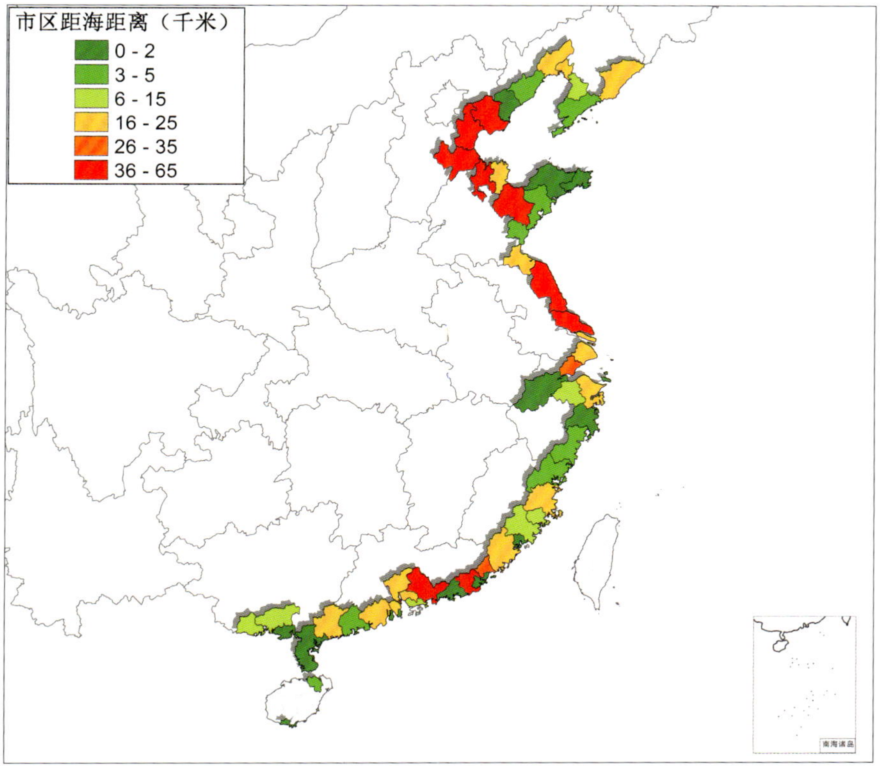


**图12 市区距海距离**

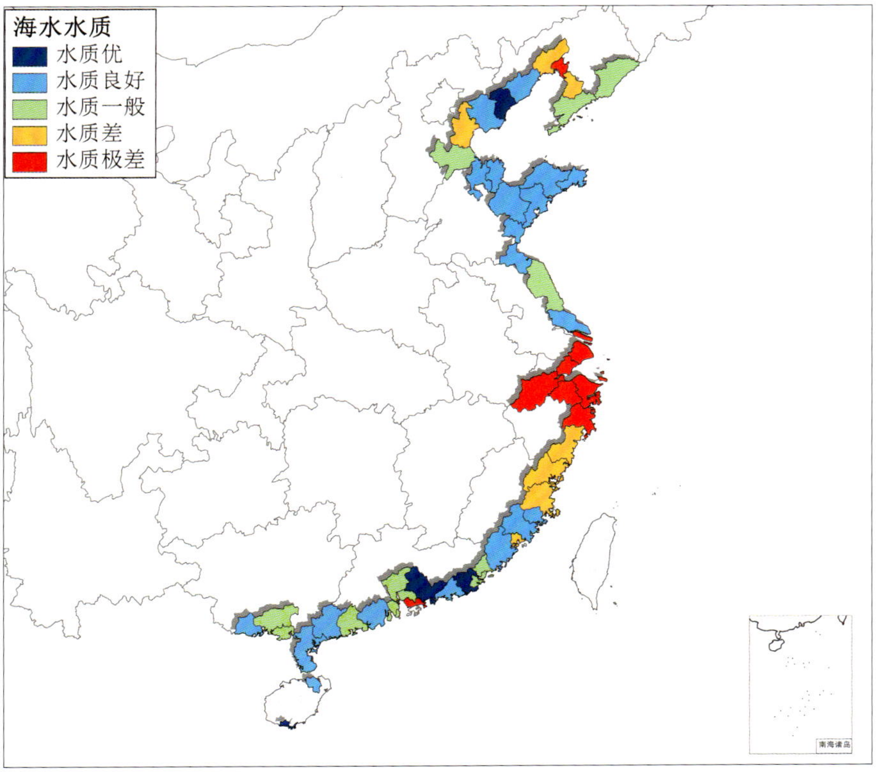


**图13 海水水质**

分布稍多。

③海岸线长度

由图11可知，我国山东、浙江、福建、广东等地区的海岸线长度较长，旅游投资价值较高，辽宁、河北、江苏、海南等地区的海岸线长度较短，旅游投资价值较低，其中海岸线长度最长的城市是舟山市，海岸线长达2448千米，其次是湛江市，海岸线长达2000千米左右。海岸线长度排名前十的城市依次是舟山市、湛江市、大连市、宁波市、福州市、宁德市、威海市、温州市、烟台市、青岛市。

④市区距海最短距离

从图12中可以看出，辽宁、山东东部、广东南部、广西、海南等地区的市区距海较近，旅游投资价值较高，而渤海西部、江苏、上海、浙江、珠三角等地区的市区距海较远，旅游投资价值较低。其中，市区距海最近的距离不足一公里，而市区距海最远的距离则远达几十公里。市区距海较近的城市依次是厦门市、珠海市、台州市、秦皇岛市、汕尾市、湛江市、烟台市、北海市、汕头市、威海市，市区距海最远的城市是南通市和沧州市。

⑤海水水质

从图13中可以看出，国内滨海城市近海海水水质分为五类，分别是优、良好、一般、差、极差。从北向南，丹东市至锦州市水质差或极差，葫芦岛市至唐山市水质良好，天津市及沧州市水质差，山东半岛总体水质良好，上海至台州市水质极差，温州市至福州市水质较差，莆田市到惠州市水质良好，珠江河口的深圳市、广州市、中山市、东莞市水质一般，江

图14 海洋世界(澳大利亚,昆士兰州)　　龚倩/摄

门市往南至广西防城港及海南的海口、三亚市，水质良好或一般。海水水质得分排名前十的城市依次是三亚市、秦皇岛市、惠州市、揭阳市、海口市、唐山市、湛江市、江门市、防城港市、茂名市，这些城市的旅游投资价值较高。

（4）城市海洋旅游投资价值综合评价

总体而言，我国沿海地区海洋旅游资源及投资价值呈现出两头高、中间低的态势，海南、广西、广东、福建，以及山东、辽宁等地区的海洋旅游资源得分及投资价值较高，渤海西部（山东、河北、天津等部分城市）、长三角（江苏、上海、浙江）海洋旅游资源得分及投资价值较低，其中南方海洋旅游投资价值最高，

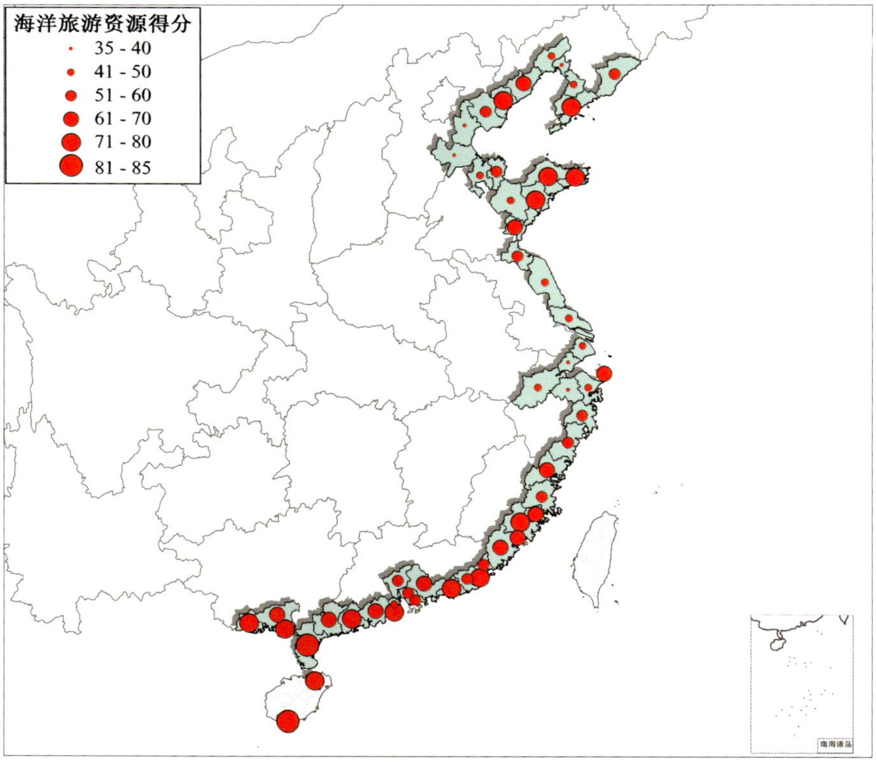


图15 海洋旅游资源评价

海洋旅游资源得分最高的城市是湛江市和三亚市。在全国53个滨海城市排名中，广东、福建、广西、海南等地区分别有8、5、3、2座城市进入前25名，山东、辽宁分别有4、2座城市进入前25名，而江苏、浙江、天津等地则无一入内。海洋旅游资源排名前十的城市依次是湛江市、三亚市、汕尾市、威海市、海口市、北海市、秦皇岛市、汕头市、阳江市、烟台市，这些地区成为全国最具有海洋旅游投资价值的城市。

## 5. 结论

随着人民生活水平的提高及对旅游需求的扩增，滨海地区将会成为居民旅游的首选目的地，海洋旅游将会迎来一股全民旅游及投资热潮，同时海岛旅游及邮轮旅游将会成为未来发展热点。我国滨海城市的区位条件、自然资源不同，其海洋旅游资源及投资价值也不同。海南、广东、广西、福建等南方地区的滨海城市因其得天独厚的区位优势而海洋旅游投资价值最高，渤海西部、长三角等地区的海洋旅游投资价值较低，湛江市、三亚市、汕尾市、威海市、海口市等成为我国最具海洋旅游投资价值的城市。

**参考文献**

[1] 董玉明，王雷亭．旅游学概论 [M]. 上海：上海交通大学出版社，2000: 35-50.

[2] 贾跃千，李平．海洋旅游和海洋旅游资源的分类 [J]. 海洋开发与管理，2005(2): 77-81.

[3] 李瑞．我国滨海旅游发展研究 [M]. 北京：科学出版社，2012.

[4] Center on Ecotourism and Sustainable Development. Global Trends in Coastal Tourism[M]. Washington: CESD, 2007.

[5] 高元衡．沿海旅游目的地成长研究 [D]. 上海：华东师范大学，2009.

[6] 国家海洋局．2012 年中国海洋经济统计公报 [R]. 北京 ,2013.

[7] 刑世嘉．戛纳，一时说不尽 [J]. 中外文化交流，2006(05): 35-37.

[8] 于庆东．中国海洋旅游分区及其特点 [J]. 海洋信息，1998(12):15-16.

[9] 刘家明．国内外海岛旅游开发研究 [J]. 华中师范大学学报（自然科学学报），2000(03): 349-352.

[10] 风景大地旅游投资管理有限公司．中国城市旅游投资竞争力研究报告 2012[R]. 北京 ,2012.

# 海洋旅游：概念、资源与开发规划

# Marine Tourism : Concepts, Resources and Development Planning

文 / 陈 耀

【摘 要】

本文首先厘清了海洋旅游的几个概念，并分析比较了古今中外海洋旅游的特点，接着重点阐述了海洋旅游的“6S”资源，提出了避免同质化的方法，以及海洋旅游规划的原则和要点，尤其是要注重海岸的规划，最后提出了海洋旅游的开发路径。

【关键词】

海洋旅游；规划；6S资源；开发路径

【作者简介】

陈 耀　海南省旅游发展委员会巡视员

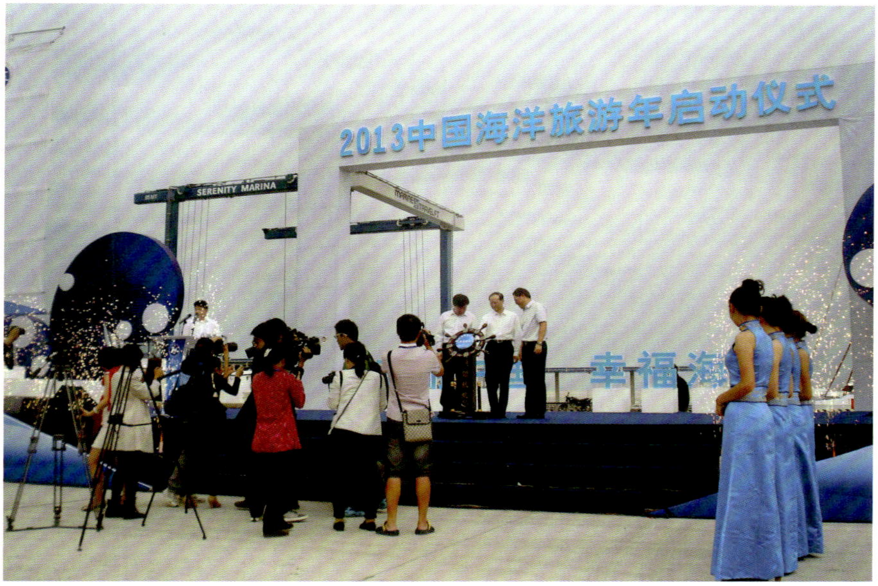


**图1 2013年中国海洋旅游年启动式在海南举行** **陈耀/摄**

当今世界，海洋旅游作为海洋经济的重要组成部分，成为很多旅游强国、旅游大国和以旅游业为主导产业或重要支柱产业的国家（地区）的亮点和品牌，为其旅游业和经济发展做出了重要贡献。

海洋旅游又被称为蓝色旅游，在我国，它是呼应红色旅游，延伸绿色旅游，展现旅游新形象，丰富旅游产品，促进旅游转型升级和推动我国由旅游大国向世界旅游强国跨越的重要内容。国家旅游局确定2013年为中国海洋旅游年，一个重要的战略背景就是党的十八大提出建设海洋强国，海洋战略成为国家战略。海洋旅游作为国家海洋战略的一部分，其发展意义重大。

我国海洋地区跨热带、亚热带和温带，海洋和海岸地质类型多样，有300多万平方公里海洋国土、18000公里陆地岸线和14000公里岛屿岸线。沿海省市文化底蕴深厚，经济发达，对外开放程度高，发展海洋旅游的自然资源丰富多样，人文资源各有千秋。中国人口众多，经济持续快速发展，人民收入不断增加，发展海洋旅游的潜力极大。

**图2 亚龙湾热带天堂可以观海的峭壁天池** **陈耀/摄**

我国发展现代的海洋旅游起步较晚，目前一些地区海洋旅游产品主要是滨海、海岛观光和一些海滨浴场，高水平海洋度假休闲和特色体验产品比较缺乏。海洋旅游综合性强、包容面广、关联度大并且专业要求高，发展海洋旅游需要以高质量规划为前提。由于对海洋旅游特性缺乏深入研究，海洋旅游一些概念不甚清晰以及对海洋旅游资源认识的偏差，一些海洋旅游规划质量欠佳。结合对国际国内海洋旅游的考察研究，我们就海洋旅游规划若干方面进行探讨。

图3 “爱兰歌娜”号邮轮（COSTA+ALLEGRA）进港 陈耀/摄

## 1. 分层次理解海洋旅游概念，分类型侧重规划内容

不同研究者对海洋旅游定义不同，区别主要在于其内涵的宽窄。社会不同方面对海洋旅游的理解也有所不同，区别主要体现于不同的层次。旅游企业和消费者是供需双方，他们眼中的海洋旅游是用来销售、消费的专项旅游产品；旅游管理部门要兼顾“市场”和“市长”的需求，海洋旅游是既要组织开发和促销的专项产品，更是要大力推动的特色产业；代表政府的“市长”不直接提供旅游产品，抓海洋旅游主要是将其发展成为重要的海洋区域经济。专项旅游产品是海洋旅游的第一层次，特色旅游产业和重要经济形态是海洋旅游的第二、第三层次。一些规划缺乏对海洋旅游的分层次理解，忽视对海洋旅游市场、行业和目的地不同需求的科学分析，以致内容上笼统而雷同，形式上套路化。有的海洋旅游区域总体规划设了很多观光线路，对海洋旅游经济如何发展则关注较少；有的海洋旅游项目规划列举世界一批著名海洋旅游目的地的概况为案例，将邮轮、游艇、海上活动、滨海旅游等多种形式尽数纳入，看似产品丰富，实际上难以操作；一些海洋旅游产业规划，既缺乏推动接待业与上、下游产业的对接，又缺乏推动接待业同其他相关产业融合而成的新业态，仍是挂“海洋”之名、以观光接待为主要内容的“小旅游”行业规划。

如果充分关注海洋旅游的层次性，对不同类型海洋旅游规划在内容上有所侧重，则将大大增强规划的针对性并提高其质量。具体而言，海洋旅游项目规划要侧重于专项旅游产品层次，注入地方化、个性化的文化特色；海洋旅游产业规划要侧重于特色旅游产业层次，注重规划全环节旅游产品和构造战略性支柱产业为重点的旅游产业链；海洋区域旅游总体规划要侧重于发展海洋旅游经济的层次，并推其成为区域经济的亮点和重点。

## 2. 了解古今中外海洋旅游特点，顺应当今海洋旅游趋势

比较海洋旅游，在古代中国和欧洲的共同点都是帝王权贵之旅，不同点是前者偏重滨海观光和出海探奇，后者偏重度假享乐和海岛休闲；在现代中国和西方的不同点没有大的变化，共同点则是大众旅游成为主流。中国偏观光、西方重度假、古代权贵乐、现代大众游，这是海洋旅游的特点。在当今全球海洋旅游发展趋势中，作为消费方的游客显现出三个偏重：一是偏重于选择热带和温暖的海洋地区，二是偏重度假休闲为主要内容，三是偏重将滨海和海岛度假当作一种生活方式。作为供应方的旅游目的地表现出三个

**图4 澳大利亚塔斯马尼亚** **吴必虎/摄**

注重：一是注重海洋旅游目的地的整体建设，二是注重生态环境保护与海洋旅游开发相协调，三是注重创建具有地方特色的海洋旅游品牌。

认真研究、充分了解和注意区分海洋旅游不同时期、不同消费市场的特点，关注当今海洋旅游发展趋势，既顺应又引导市场需求，是海洋旅游规划提高质量的一个方向。

## 3. 创新理解海洋旅游资源，拓展海洋旅游承载空间

创新理解海洋旅游资源，可以充分利用乃至创造海洋旅游资源。

其一，“旅游化理解”海洋资源。海洋旅游资源同海洋资源很多方面相重叠，如海滩、海岸和滨海等。这些资源的概念在海洋学中的定义比较窄，直接用于旅游则不利发挥其旅游价值。根据旅游需要对某些海洋资源予以更加宽泛的认识和解释，使之成为能够发挥更大旅游价值的海洋旅游资源，这便是对海洋资源的“旅游化理解”。海滩、海岸和滨海等作为海洋旅游资源，同作为海洋资源的区别（图5）：

在海洋学中，海滩是最高潮位线和最低潮位线之间的区域，即潮间带；海岸是指最高潮位线以上仅在特大高潮或暴风浪时才被淹没的狭窄陆上地带，即潮上带；水下坡岸是最低潮时仍被海水覆盖但受到波浪影响的地带，即潮下带。滨海指海陆交互作用的地带，包括海岸、海滩和水下坡岸。海岸以外不太远的陆域可以认为是近岸，近海则是离岸较近的海域。

旅游化理解海洋资源，则海滩应包括海洋学中的海滩和海岸，这是海洋旅游的核心区域；海岸应包括海洋学中的滨海和近岸的一部分，这是海洋旅游的基础资源；滨海则包括海洋学中的滨海、近岸和近海，这是海洋旅游的主要空间。至于近岸和近海的范围，我们认为以海滩为起点，一小时车程的陆域和一小时航程的海域为宜。超过一小时游客或许会感觉较远。这种依据游客心理感觉划分的近岸、近海是动态的，随着交通工具的进步及路况、航线的改善，一小时的车程、航程内可供发展旅游的滨海区域将不断扩展。

**图5 海洋资源的旅游化理解**

旅游化理解海洋资源不仅扩大其旅游价值，拓展海洋旅游的承载空间，更要求以动态的、发展的眼光看待海洋旅游资源和海洋旅游的承载区域，这对海洋旅游的发展具有重要作用。

其二、注重海洋旅游“6S”特色资源。世界上公认阳光（Sun）、沙滩（Sand）和海水（Sea）为海洋旅游的经典的特色资源，简称“3S”。阳光、沙滩、海水都是自然资源。通过考察、研究世界上成功海洋旅游目的地，我们总结了发展海洋旅游的“3S”人文资源，即服务（Service）、微笑（Smile）和性感（Sexy）。

“服务”包括目的地公共服务的硬件设施和软件管理系统、全社会提供的公共服务、各类企业与个人的具体服务行为和质量。各海洋旅游目的地的主要自然资源都是阳光、海水、沙滩，要提高游客尤其是度假休闲客人的满意度，特色化、个性化和具有文化含量的服务就成为非常重要的因素。“服务”既是旅游资源，又是比观光景观更重要的旅游产品。

“微笑”体现为全社会旅游意识、全民友善态度和热情行为。很多游客选择海洋旅游目的地不仅仅关注其景区和酒店，同样关注当地民众是否友善热情，甚至在意该目的地哪一地区哪一类游客居多。西班牙旅游业界认为他们的旅游资源和产品除了阳光、海水、沙滩之外，还有西班牙的热情和微笑。由此可见“微笑”在海洋旅游中的分量。

“性感”是一种高层次美感。缺乏特别景观的海滩恰恰是最容易展示人体美、性感美、健康美之地。在海滩上，游客既展示自己，又将其他游客当成审美对象，海滩上的旅游

**图6　阳光下的海水和沙滩（迈阿密）**　　**陈耀/摄**

图7 西班牙海滨沙滩餐店友善的微笑是滨海旅游资源 陈耀/摄

图8 加纳利海滨创造感性的海滨设施 陈耀/摄

者和服务者每一个人都是活的风景。因此，海洋旅游比其他旅游更能充分展示性感。

“3S”自然资源加“3S”人文资源，构成海洋旅游“6S”特色资源（图9）。旅游规划综合运用“6S”的要旨是重点在“3S”人文旅游资源上做出好文章。海洋旅游的重点不是规划开发多少主题公园和景区，而要围绕目的地公共服务、旅游服务和特色服务来设置设施和安排活动，不仅将目的地的“微笑”、“性感”理解为重要旅游资源，还将其规划为旅游产品。例如，“性感”对于旅游供应方要体现为感性，即通过提供人性化的规划设计、设施建设、服务提供和活动安排，创造和谐而感性的海滩旅游氛围和海洋旅游环境，让游客感觉安全、轻松、自在和惬意，方便他们在充分展示性感时有意无意变成风景。

## 4. 正视海洋旅游资源的相似性，避免海洋旅游同质化

世界各地海洋旅游自然资源是相似的，开展海洋旅游活动的很多载体和器材也大体相同，容易导致海洋旅游资源性同质化。如果旅游规划者、开发者缺乏创新意识，以及某些后发地区因崇拜外国文化、盲目追求“国际化”而进行简单而机械的模仿性开发，容易导致海洋旅游“国际性”同质化。为增加海洋旅游的吸引力和减少海洋旅游同质化竞争，规划海洋旅游应打好四张差异牌（图10）。

一是气候差异牌。每个海洋地区都处在特定气候带，有的还有独特的小气候。不同的气候对海洋旅游或有助或制约，使拥有相似的海滩、海岸、海岛等资源的海洋地形成产品方面的差异。在温暖阳光下和嗖嗖冷风中，同一海滩让游客的体验是迥异的。规划海洋旅游须针对本地同外地、本地不同季节的气候差异，形成相应的规划思路和开发对策。

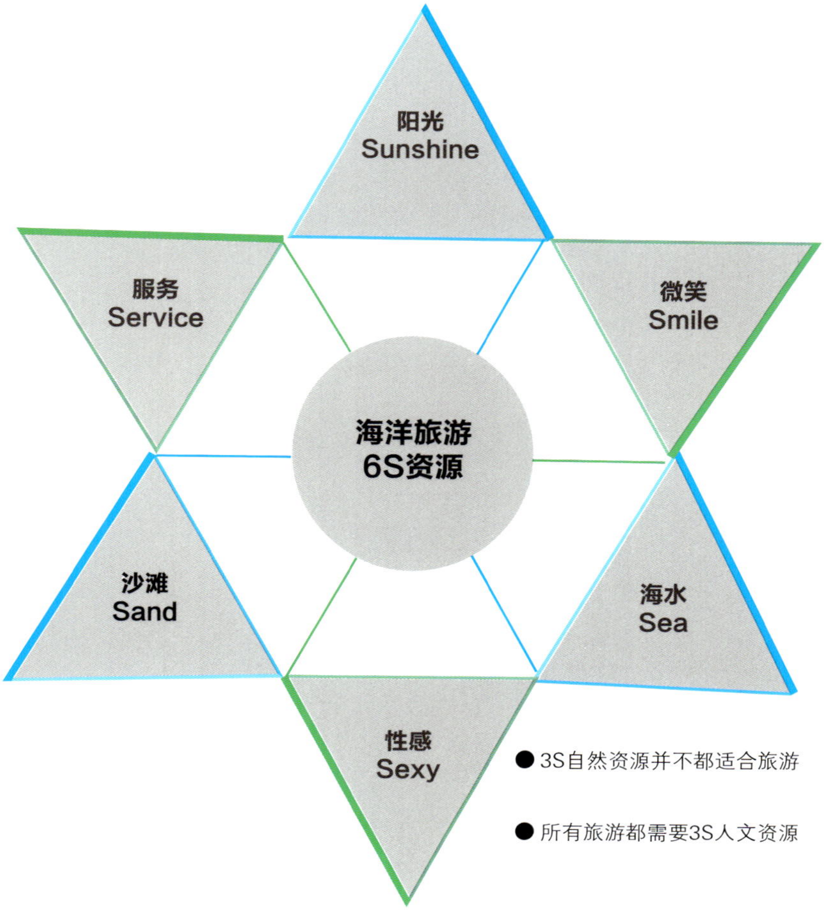


图9 6S海洋旅游资源

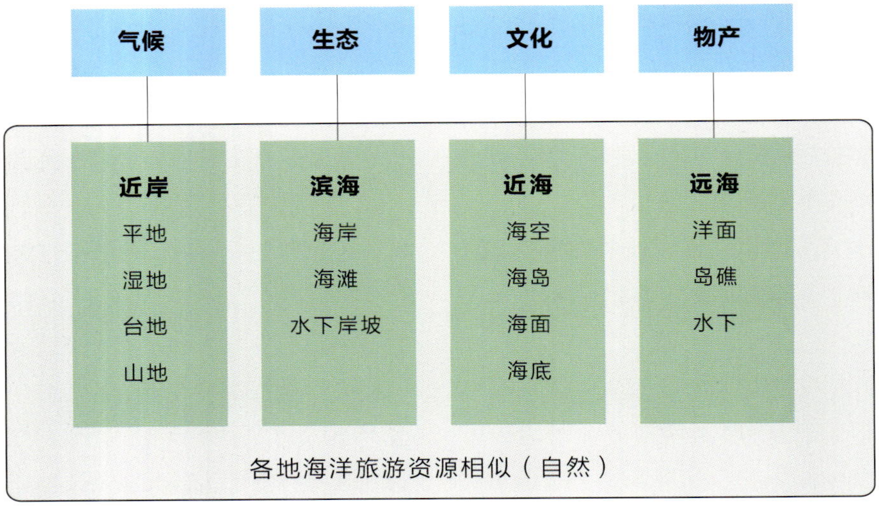


**图10 海洋旅游资源的四方面差异**

二是生态差异牌。生态环境是海洋旅游地的生命线。奇山异水是观光的吸引物，而海洋度假休闲则依赖生态环境。对相似的海洋资源，生态环境质量决定了海洋旅游产品的高下。规划海洋旅游打生态牌，一方面要强化可持续发展理念，推行绿色环保、低碳消费、循环利用，另一方面要保护和优化生态环境，并将其策划为海洋旅游产品。

三是文化差异牌。各国和不同地区历史文化的不同，形成独特的海洋文化元素和海洋人文旅游资源。地方文化是海洋旅游在产品、形象、品牌上形成差异和特点的极为重要的元素，尤其对所处气候带相同、生态环境质量相似的海洋旅游地，只能依靠地方文化来形成特色。海洋旅游地不是名称带上“国际”，也不是产品中采用国际通用形式就“国际”了。规划海洋旅游打文化牌，关键在于挖掘地方文化特色，使之成为“文化基因”植入产品、产业和经济等海洋旅游的不同层次，以特色文化作为发展海洋旅游的突破口，以本地化形成国际竞争力。

四是物产差异牌。北方海岸上的傲立青松，热带沙滩边的摇曳椰树，其景观大不相同。不同气候带和生态环境形成食材的差异，加上各地烹调方法的差异，可以形成食物外观和口味的不同。各地文化习俗和加工工艺之别，可使海洋地区物产资源形成多样化的地产品。规划海洋旅游打物产牌，在于挖掘、发现物产的差异，借助地方文化习俗和特色工艺来强化和扩大这些差异来形成特点。

正视海洋旅游资源相似性的不足，打好气候、生态、文化、物产四张差异牌，开发出富有变化的旅游产品，就可以避免海洋旅游同质化。

## 5. 把握海洋旅游规划开发的原则

海洋旅游规划对具体的旅游项目，如一个滨海景区或度假酒店，要强调突出其地方化、特色化和个性化的特点，而对目的地则应更多地以整体视角关注区域振兴、产业发展和行业打造。这就需要把握协调、科学、生态、文化等原则

协调原则。很多产业都需要利用海洋资源，特别是海岸和海滩的土地资源。只有做好海洋区域功能定位和划分，统一规划和协调滨海、海岛地区开发，才能实现海洋旅游同其他产业及社会经济的协调发展。海洋旅游规划相对于海洋区域功能规划虽是下位规划，仍应注意控制海洋资源利用的随意性，力求对海洋资源的综合利用，推动旅游同区域内其他产业的协调、对接乃至融合。

科学原则。海洋辽阔无垠，但海洋旅游资源比较有限，并不是有阳光、海水、沙滩之地都可以发展海洋旅游。只有温暖明媚并且日照时间足够的阳光、洁净无污安全美观的海水、宽阔细软生态良好的沙滩，才是最适宜发展海洋旅游尤其是海洋度假休闲的优质资源。具备这些条件的海洋地带在全球并不很多，应充分认识海洋旅游资源的有限性，对海洋旅游科学定位、分类指导和梯次开发，做到可持续发展。

生态原则。海洋旅游是人的身体直接接触阳光、海水和沙滩等自然因素最多的活动形式，对生态环境的要求很高。生态污染和恶化已成为困扰全球的环境问题，很多地区海洋资源已受到来自多方面的不良影响，海洋旅游的优质资源日益减少。因此，应十分关注海洋生态的脆弱性，在生态旅游基础上开发滨海旅游、海岛旅游，防止滨海旅游区

域过度城市化。

文化原则。鉴于海洋旅游自然资源相似、旅游开发中模仿抄袭导致的海洋旅游同质化倾向，应当正视海洋旅游资源的相似性，强调规划和开发海洋旅游必须注入当地特色文化，形成独特的品牌。

## 6. 海洋旅游规划开发的要点

### 6.1 创新认识海洋旅游资源、产品、产业和特色经济之间的关系，以建设综合性海洋旅游目的地为目标

重点是突破只将自然和人文景观作为旅游资源的局限，将吃住行游购娱六大要素，将生态环境、社会环境、文化环境和政策环境，将居民的微笑、游客的表现都当作发展海洋旅游的全要素资源，在此基础上打造以旅游接待业为中心环节，向其上游发展各类基础性旅游产品，向其下游延伸多种服务产品，形成全环节的海洋旅游产品，推动海洋旅游同多业融合，形成产业集群，发展特色海洋旅游经济。

### 6.2 通过建设具有公共功能、提供公共服务的旅游海滩，既最大化其价值，又以其提升整个滨海区域土地资源的价值

充分认识到海滩是公有资源，是海洋旅游吸引物和核心地带。不能只考虑眼前的、具体企业及有关单位的利益，要综合考虑整个滨海区域和海岸带的发展，尽量留出原始海滩甚至通过人工加宽来加大接待容量。一方面在海滩规划开发多种免费提供的公共服务设施，另一方面对公共海滩后面的建筑控制层高，距海滩由近而远逐步增加建筑高度，保证后面的建筑总有一层能够看到海，滨海区域有很多方便到达公共海滩的通道。

### 6.3 坚持“面”疏“点”密、大疏大密的滨海旅游空间布局，不能在海滩和滨海区域遍地开花规划和开发项目

“疏”为整个滨海区域留出可持续发展空间，在各旅游区和项目之间形成生态空间和景观空间；“密”做到旅游的生产空间集约高效，一旦在滨海某点开发旅游，则要形成一定的建筑密度和产业密度，一方面聚集人气，一方面利用较少滨海土地形成较大接待容量。此外，对同一区域的不同的“点”要通过特色文化来强化旅游形象的个性和旅游产品的不同，使游客既乐意在此“点”住几天，也希望到彼“点”再体验，从而延长游客在一个滨海旅游目的地的总的停留时间。

**图11 南燕湾滨海高尔夫球场** **图片提供：万宁南燕湾高尔夫球会**

## 7. 重点规划和开发旅游海岸，发展规模化、品牌化的海洋旅游

旅游海岸是长达几十公里乃至数百公里，具有整体品牌旅游形象和多种滨海旅游产品形式，是以旅游业为主导产业或支柱产业的主题性海岸带旅游经济区域，具有整体旅游形象鲜明、地域和产业规模大、综合性和多样性结合、特色文化鲜明而突出等特点。世界著名的旅游海岸有法国蓝色海岸、西班牙太阳海岸、澳大利亚黄金海岸等。由于多种原因，亚洲还没有产生世界著名旅游海岸。我国拥有漫长海岸线和巨大潜力市场，有条件填补亚洲旅游海岸的空白。

旅游海岸的规划开发涉及多方面。一是以"海"为区域总体特色，重点建设整体性滨海旅游区域、特色产业链和产业集群。二是以特色文化形成旅游海岸的整体品牌，以地方文化应对海洋旅游的同质化，以民族化显示海洋旅游目的地的国际化。三是追求自然生态、文化生态和经济生态的平衡：在自然生态平衡基础上打造文化生态的平衡，即尊重、借鉴、包容外国外地文化的同时突出本地民族文化；同时实现经济生态平衡：发展海洋旅游并非旅游一业独大，应处理好旅游业同其他产业的关系，使之协调发展；应处理好发展旅游富民众、富开发商和富政府的关系，首先保障民众利益；还应当处理好引进人才和增加居民就业的关系，为当地百姓增加更多、更好的就业岗位，促其收入提高、生活改善、素质提升。

## 8. 海洋旅游的开发路径

### 8.1 从大局到项目，弘扬地方文化，实现特色发展

省市一级大区域发展海洋旅游

**图12 海南三亚国家海岸海棠湾的度假酒店** **陈耀/摄**

要从国家战略出发划分主体功能区，明确用以发展旅游的滨海和海洋区域；市县一级中区域要对海洋旅游进行主题定位，通过地区文化和民族文化形成鲜明的区域形象和海洋旅游品牌；小区域的乡镇和具体旅游项目，则要注重挖掘特色文化，开发个性化的海洋旅游产品。

### 8.2 从产品到区域，力求配套开发，实现和谐发展

科学规划全区域海洋旅游，综合开发各类海洋资源。旅游景区要争取综合发展，要力求大型度假酒店景区化，小型住宿单元精品化，度假区（村）社区化，社会各项公共设施尽可能旅游化，并提高各类部门和机构内部设施的公用化程度。整个区域要争取成为有优越生态环境、优美景观环境、优雅文化环境、优质服务环境的旅游“境区”，成为具有开放性、综合性、文化性和整体性的海洋旅游目的地，而不只是拥有一批旅游项目和设施的海洋区域。

### 8.3 从海滩旅游向海上、近岸和文化旅游拓展

海洋旅游一般都从海滩起步。海滩旅游在趋势上是大众旅游，海滩利用的公共性越强，整个滨海区域的旅游价值越大。因此，大力发展公众利用的旅游海滩是深化海洋旅游的前提。为了拓展海洋旅游的地理空间、文化空间和价值空间，要在海滩旅游基础上向海上旅游拓展，充分利用海域资源开发包括发展游船、游艇等多种形式的海面、水下和低空旅游活动；要向近岸陆地拓展，将“海”的特点同其他资源结合，在滨海“二线”和近岸区域开发高档次旅游商业区、度假社区特色乡村度假基地；要向文化旅游拓展，既利用海洋实体资源又利用海洋文化资源开发系列海洋文化旅游产品。

2013年，习近平总书记在海南发表重要讲话，希望海南要争创中国特色社会主义实践范例，谱写美丽中国海南篇章，闯出一条跨越式发展路子。这不仅为海南指明发展方向和明确新的目标，也是对我国发展海洋旅游的指引。只要通过创新规划和科学开发，勇于争创实践范例，努力谱写美丽篇章，起步稍晚的中国海洋旅游，应当闯出一条跨越式发展路子。

**参考文献**

[1] 陈耀．建设“中国椰树海岸”研究报告.2003年度国家社会科学基金项目．

[2] 陈耀．“旅游境区”研究．中国旅游评论2011. 中国旅游研究院主编．北京：旅游教育出版社，2011.

[3] 陈耀．旅游规划的发展回顾和实践创新，海南国际旅游岛旅游探索．陆志远主编．南京：东南大学出版社.2012.

[4] 海南省旅游委对国外各类海洋旅游目的地的考察资料．

# 我国海洋旅游产业发展及其功能区划研究

# Research on the Development and Functions of Chinese Domestic Marine Tourism Industry

文 / 刘　佳　韩欢乐　杜亚楠

**【摘　要】**

梳理和回顾我国海洋旅游产业发展历程，探讨海洋旅游产业发展演化的阶段特征，从空间结构、行业结构和市场结构三个方面揭示我国海洋旅游产业的结构特征，结合沿海三大区域、沿海11省市以及53个沿海城市的社会经济发展特征，统筹考虑区域旅游资源开发与产业定位，确定我国海洋旅游功能分区方案，明确我国海洋旅游优化开发、重点开发、引导开发和适度开发四类功能区的区域范围、发展目标与功能定位，并制定具体有效的空间管治措施，为加快我国海洋旅游产业快速发展、促进海洋旅游产业结构调整与优化布局提供借鉴和参考。

**【关键词】**

海洋旅游产业；结构特征；海洋旅游功能分区

**【作者简介】**

刘　佳　中国海洋大学管理学院旅游系副教授，博士

韩欢乐　中国海洋大学管理学院硕士研究生

杜亚楠　中国海洋大学管理学院硕士研究生

随着以开发海洋资源、发展海洋经济和实施海洋战略为标志的“蓝色革命”在全世界范围内蓬勃兴起，我国海洋旅游产业依托其独特丰富的资源禀赋、海陆融合的差异环境以及生态低碳优势，成为海洋经济中规模化扩张、持续稳定增长、发展潜力极大的产业。由于沿海区域环境有多种开发用途的空间兼容性，海洋旅游与港口、工业和养殖等相关产业融合发展，海洋旅游新业态不断涌现，海洋旅游已成为沿海地区经济转型升级的新引擎。同时陆海经济统筹与产业强关联性，进一步推动我国海洋旅游在开发功能与产业布局上得到优势互补，并实现陆海并举、陆海联动的旅游产业发展。十八大提出建设“海洋强国”和海洋开发战略，发展海洋旅游产业在提高海洋资源开发能力、优化海岸开发功能与格局、统筹陆海资源配置和推动海洋生态明文建设等方面将发挥重要作用。

## 1. 我国海洋旅游产业进展及发展演化

### 1.1 起步发展，规模化扩张（1978~1998年）

1978年党的十一届三中全会召开，开启了中国改革开放的时代。随着海洋经济的发展及“旅游事业大有文章可做的提出”，海洋旅游业得以起飞。秦皇岛的北戴河是开发较早的海洋旅游目的地，开发之初的主要目的是用于政府官员等避暑、疗养之用，但受限于国家政策和经济发展水平，改革初期我国海洋旅游并未形成真正意义上的产业类型。随着改革开放的不断深入和沿海经济的迅速发展，到20世纪80年代，海洋资源和海洋空间得到进一步开发利用，我国陆续选划、批准建设了多个海洋自然保护区、特别保护区和人与生物圈保留地，沿海地区生态观光型旅游景区景点得到开发，海洋旅游产业初具发展雏形，在我国旅游业实施适度超前战略中崭露头角，并由单一接待行业向市场经济多元服务行业转化，但海洋旅游产业要素系统性短缺问题尤为显著，海洋旅游市场结构单一，以接待外国游客、海外华侨等入境游客为主。进入90年代，我国迎来海洋旅游开发浪潮，

图1 朱家尖镇顺母社区晨曦　　郑宝森/摄

图2 长海大长山岛饮牛湾 吴必虎/摄

图3 广东珠海淇澳岛湿地 吴必虎/摄

以观光游览、海滨度假、水上运动和休闲垂钓为代表的海洋旅游开发全面展开，海洋旅游业在海洋经济中的产业地位日益突出。"九五"以来，滨海旅游仅国际旅游收入，已经超过600多亿元，占海洋经济总产值的15%，其经济产值位居海洋产业中的第三位，仅次于海洋渔业、海洋油气业[1]。经过十几年的发展，地区经济增长、人们生活水平和生活质量不断提高，国内游客的海洋旅游需求迅速提升，国内海洋旅游市场呈现出强势的发展劲头，改变了入境海洋旅游领军市场的格局。这一时期我国海洋旅游产业虽起步较晚，但具备巨大发展潜力，海洋旅游产业要素规模化快速扩张，形成由旅行社业、饭店业和旅游景区景点等构成的综合性产业部门。截至1998年，沿海11省市区实现旅游总收入457.59亿元，接待国内外游客50415.31万人，占全国游客总量的66.6%,沿海地区国家级风景名胜区达33家，占全国总量的39.3%。值得注意的是，海洋旅游产业的发展，带来较高经济效益的同时也伴随着海洋旅游资源的过度开发和不合理利用、海洋环境污染与海洋生态系统失衡等问题。为保障海洋旅游产业的可持续发展，《中华人民共和国海洋环境保护法》、《海洋自然保护区管理办法》等一系列法律法规相继公布，为我国海洋旅游资源的合理开发和有序利用、海洋旅游产业持续稳定发展提供了有益的指导。

### 1.2 综合发展，多元化拓展（1999~2008年）

随着海洋勘探技术、海洋生物技术和海洋科技转化能力的不断进步和提高，我国海洋经济进入快速发展时期，2003年国务院印发《全国海洋经济发展规划纲要》对合理发展我国海洋旅游产业做出了战略安排。在国家实施海洋战略的推动下，作为海洋经济中主导产业之一的海洋旅游业，迅速崛起，发展势头强劲，对海洋经济发展和产业带动的作用不断增大，仅滨海旅游业总收入在2008年就达到7747.93亿元，其占海洋经济总产值的比重从1998年的14.4%迅速上升到2008年31.08%。这一时期我国海洋旅游产业进入系统开发与综合发展阶段，实现了由海岸带旅游开发向海上、海底等海洋空间领域的立体式海洋旅游开发转换。而黄金周休假制度的实行和传统节日纳入休假制度体系而形成的假日经济，进一步激发了国内游客旺盛的海洋休闲旅游需求。沿海地区已成为我国区域旅游开发投资的热点，海洋生态和海洋文化等特色旅游资源得到深入挖掘，热带、亚热带滨海度假地建设如火如荼，海洋文化体验、海洋旅游体育等多元化旅游产品得到有序开发，行业整体服务水平得到有效提升，长三角、泛珠三角和环渤海区域旅游协作和跨区域竞争成为趋势。海洋旅游市场规模稳定提升，海洋旅游产业要素体系日渐完善。截至2008年，沿海11省市区实现旅游总收入7747.93亿元，接待国内外游客157871.54万人，占全国游客总量的比例达48.81%，区内拥有旅游景区数量达到3382家，占全国旅游景区总数的43.1%。与此同时，我国海洋旅游资源开发、产业发展所带来的环境问题也日趋严重，对海洋资源的开发与保护力度有所增加，2000年《中华人民共和国海洋环境保护法》正式开始实施，进一步强化了对海洋旅游资源的开发、保护和管理力度。

### 1.3 转型发展，系统性提升（2009年至今）

近年来，海洋旅游产业充分利用政策优势实现跨越式发展，成为我国区域旅游发展的示范。2009年“滨海度假”作为重点打造的国家旅游线路品牌之一得以快速发展，2010年海南国际旅游岛建设上升为国家战略，2011年海南三亚继韩国济州岛、日本冲绳岛、中国台湾妈祖金门岛后成为第四个实行中国“免税离岛”政策的地区，同年青岛成为国内新国际邮轮母港，《全国海洋功能区划（2011~2020）》得到国务院的批准颁布等一系列政策措施对我国海洋旅游产业全面发展都起到了巨大的推动作用。2012年我国滨海旅游业继续保持健康态势发展，实现产业增加值6972亿元，占主要海洋产业增加值的33.9%。2013年我国旅游主题确定为“中国海洋旅游年”，海洋旅游在引领未来旅游需求、创新旅游体验等方面彰显出巨大潜力。这一时期我国海洋旅游产业在持续高速增长后，进入发展关键阶段，海洋旅游产品开发层次、开发内涵逐步提升，产品体系日渐完善，海洋旅游装备制造业加速发展，邮轮旅游、游艇俱乐部等新兴业态引领海洋旅游消费实现不断升级，海南国际旅游岛建设、南海三沙旅游已颇具影响，海洋旅游整体上呈现出相关产业融合互动、产业功能空间集聚和产业转型发展等多种态势。截至2011年底，沿海11省市区实现旅游总收入30588.2亿元，接待国内外游客264327.52万人，占全国游客总量的比例达45.63%，拥有旅游景区数量达到2305家，占全国旅游景区总数的41%。新时期，保持并提高海洋旅游产业的持续稳定增长，坚持生态文明、低碳环保、可持续发展理念，发挥沿海地区旅游经济集聚与扩散作用，是我国海洋旅游产业需要重新审视和深入思考的问题。《全国海洋经济发展“十二五”规划》提出科学规划和开发滨海、海岛等旅游资源，积极推进生态旅游示范区、滨海度假区等建设，《“十二五”国家海洋事业发展规划纲要》要求加快海洋经济增长方式转变，众多政策、规划文件的公布对促进海洋旅游产业的转型发展提供了有益的指导。《中华人民共和国海岛保护法》、《海洋特别保护区管理办法》、《国际海洋公园评审标准》等法律文件的实施也对规范海洋旅游资源开发和管理提供了有力的依据。

## 2. 我国海洋旅游产业结构特征

### 2.1 我国海洋旅游产业发展状况

随着海洋生态和海洋文化特色旅游市场开发持续升温，海洋旅游逐渐成为引导国内外游客流向和消费热点的重要国家品牌，我国海洋旅游产业发展突飞猛进，发展速度不断加快，产业规模持续增长，产业地位稳定提升。如图5所示，除2003年“非典”对海洋旅游的影响较大外，1996~2012年间我国滨海旅游

图4 山东威海市环翠区孙家疃镇　吴必虎/摄

总收入增加39.5倍，年均增长速度达26%，滨海旅游总收入占主要海洋产业总产值的比重由14.7%上升到33.9%，提高了19.2个百分点，稳居主要海洋产业的首位，海洋旅游业从海洋经济的“新兴产业”跃升为“支柱产业”、“龙头产业”。海洋旅游业的快速发展进一步推动了海洋经济的整体发展，成为国家建设海洋强国的柔性战略，凭借其强大的产业关联特性、与其他海岸带开发功能的空间复合性，海洋旅游业已成为促进我国沿海经济模式转型、陆海经济统筹发展的利器。

以海洋经济为依托的沿海11省市区旅游开发起步早、发展较为成熟，并长期保持高速增长态势，旅游收入总量占其国民经济中的比重保持在9%以上。它们是我国区域旅游经济发展的领头羊，沿海11省市区以不到全国总面积40%的国土接待了将近全国半数的国内外游客，尤其是入境游客规模占全国总量的比重高达70%以上，旅游外汇收入占全国的比重接近80%（见图6左）。53个沿海城市是支撑我国海洋旅游产业发展的主体，其人口规模占沿海地区总量的比重为42%，土地面积占33%，旅游总收入和游客规模所占份额却分别超过60%和70%，其中旅游外汇收入比重高达70%以上（见图6右）。总体来说，我国海洋旅游产业在沿海城市带呈现高度集聚的特征，集聚效应吸引资本、人才、技术等产业要素进一步集聚，引起海洋旅游产业结构发生变化，从而促进我国海洋旅游产业的整体增长。

## 2.2 我国海洋旅游产业空间结构

沿海城市作为我国海洋旅游发展的重要载体，其旅游产业发展在一定程度上反映了我国海洋旅游产业的发展特征。如图7所示，浙江省、广东省、上海市、天津市的旅游经济总量较高，沿海城市旅游发展对区域的贡献率也较高；江苏省旅游经济总量较大，其3个沿海城市对江苏省的旅游贡献率却较低，海洋旅游产业发展潜力有待进一步挖掘；海南省旅游经济总量不高，但沿海城市旅游贡献率较高，表现为典型的海洋旅游产业特征。河北省、广西壮

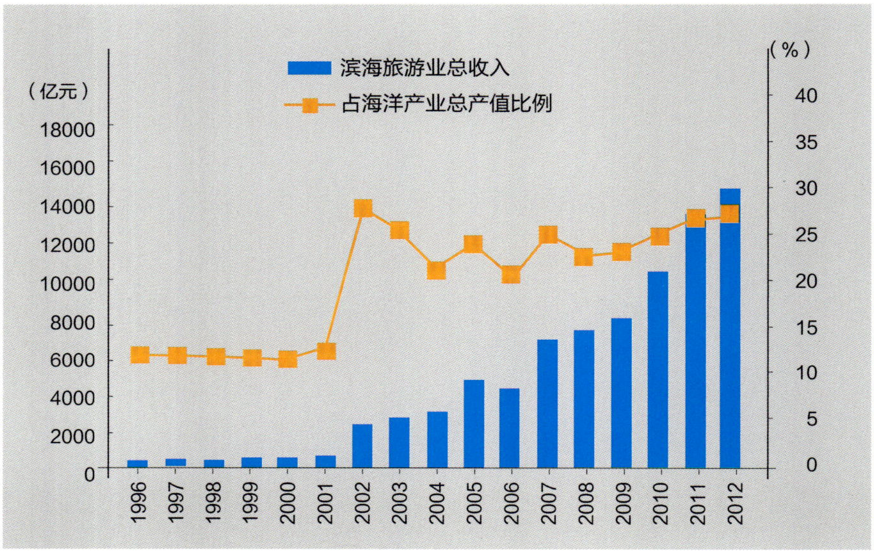


**图5 1996~2012年我国滨海旅游总收入及其在海洋经济中比重的变动趋势**

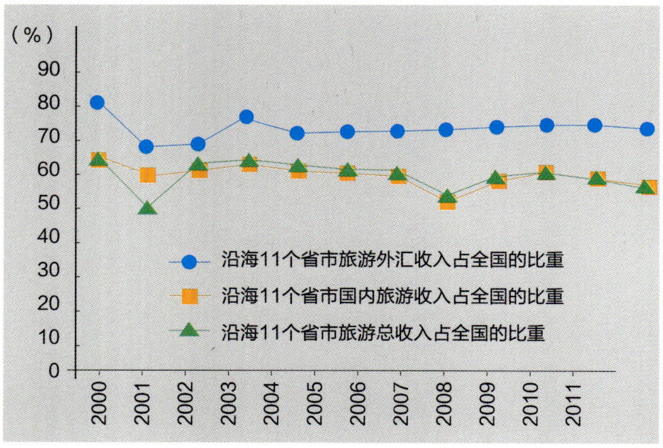


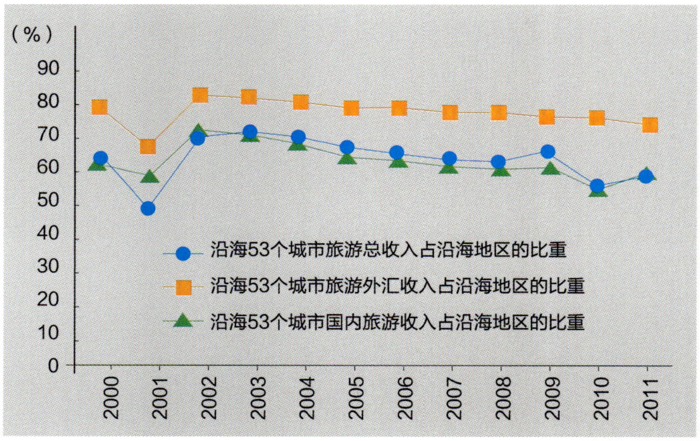


**图6 1996~2012年我国滨海旅游总收入及其在海洋经济中比重的变动趋势**

族自治区的旅游经济总量不高，且沿海城市对各省份旅游发展贡献率较低。

从区域层面上看，作为沿海地区重要组成部分的环渤海、长三角和泛珠三角地区，同时也是海洋旅游业发展的重点区域。环渤海地区地处我国北方经济发展的核心地带，涵盖17个沿海城市，近年来海洋旅游步入快速发展轨道，2011年实现旅游总收入5354.14亿元，占三大区域总量的29.9%；长三角地区涵盖11个沿海城市，其旅游开发历史较早，是我国海洋旅游产业最为发达的地区。伴随长三角区域旅游合作范围的扩大、合作层次的升级和合作机制的完善，旅游产业实现了跨越式发展，2011年实现旅游总收入57429.56亿元，占三大区域总量的41.6%；泛珠三角地区涵盖25个沿海城市，随着海峡西岸、环北部湾地区、海南国际旅游岛等国家开发战略的实施，其旅游产业发展势头不断增强，2011年实现旅游总收入5091.15亿元，占三大区域总量的28.5%，同时该区也是我国入境游客的重要集聚区，入境游客规模在三大区域中的比重高达60.32%。总体而言，我国海洋旅游产业发展具有明显的空间非均衡态势，整体上呈现中心向两翼递减的空间格局，中部以上海为中心的长三角沿海地区最为发达，两翼河北省、广西壮族自治区相对滞后。海洋旅游产业布局重心仍然集中于沿海发达省份和沿海发达城市。江苏省、广东省等沿海发达省份占我国海洋旅游收入总量和海洋旅游市场份额的绝对优势，成为我国海洋旅游发展水平最高、产业基础最为雄厚和旅游需求最为旺盛的中心区域，尤其是上海、广州等沿海发达城市已成为海洋旅游发展的"增长极"。

综上，随着我国海洋旅游开发步伐的加快，特别是海南国际旅游岛建设上升为国家战略，我国海洋旅游产业发展呈现出以11个沿海省市区为依托、以53个沿海旅游城市为主体、"一带、四区、多核心"的整体空间格局。"一带"即由滨海高速公路、港口等主要交通枢纽串联起来的53个沿海城市，构成了我国海洋旅游城市带，它们是我国海洋旅游产业发展的核心载体。"四区"是指环渤海、长三角、泛珠三角和海南国际旅游岛四大海洋旅游区，它们构成了我国海洋旅游产业发展的总体空间架构。"多核心"是指依托沿海城市形成的具有不同等级"海洋旅游产业增长极"。环渤海海洋旅游区形成由"以天津为核心城市，以大连、青岛为一级中心城市，以秦皇岛、威海、烟台为次级中心城市"的多极架构，重点开拓日本、韩国、俄罗斯、蒙古、朝鲜等国际客源市场和东北、华北、西北等国内客源市场，海洋旅游产品开发以滨海观光、休闲度假、避暑疗养为主导；长三角海洋旅游区形成"以上海为核心，以杭州、宁波为一级中心城市，以连云港、舟山、嘉兴为次级中心城市"的多级架构，海洋旅游产品开发以都市旅游、商务会展、海岛度假、休闲渔业和游艇邮轮为主导；泛珠三角海洋旅游区形成"以广州为核心，以福州、厦门、深圳、珠海为一级中心城市，以泉州、北海等为次级中心城市"的多级架构，重点发展港澳台和东南亚国际客源市场，海洋旅游产品开发以风景观光、避寒疗养、跨国界旅游为主导；海南国际旅游岛作为我国首个海洋旅游业改革创新区，为海洋旅游产业的转型升级提供了先行先试的机遇，重点开发三沙旅游、高尔夫、医疗疗养、冲浪、潜水等海洋度假旅游产品。

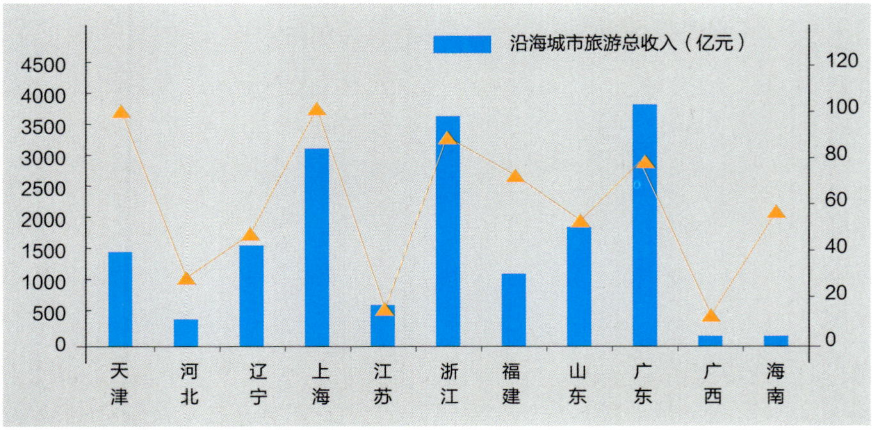


**图7 我国海洋旅游产业空间差异**

**注：(1) 根据中国区域经济统计年鉴（2012年）相关数据整理而得；(2) 横坐标括号内数据为各沿海省份涵盖的沿海城市数量。**

## 2.3 我国海洋旅游产业行业结构

海洋旅游业是一个多元性的行业群体结构，它与经济、社会各部门之间有着难以割离的联系，特别是与海洋相关产业或部门之间都存在

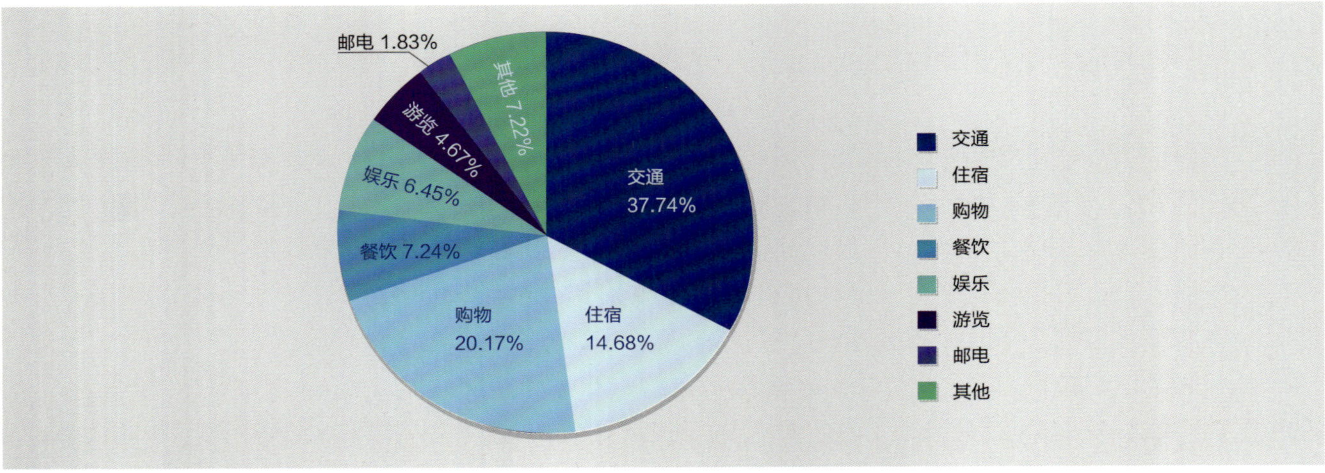


**图8　2011年我国海洋旅游外汇收入构成**

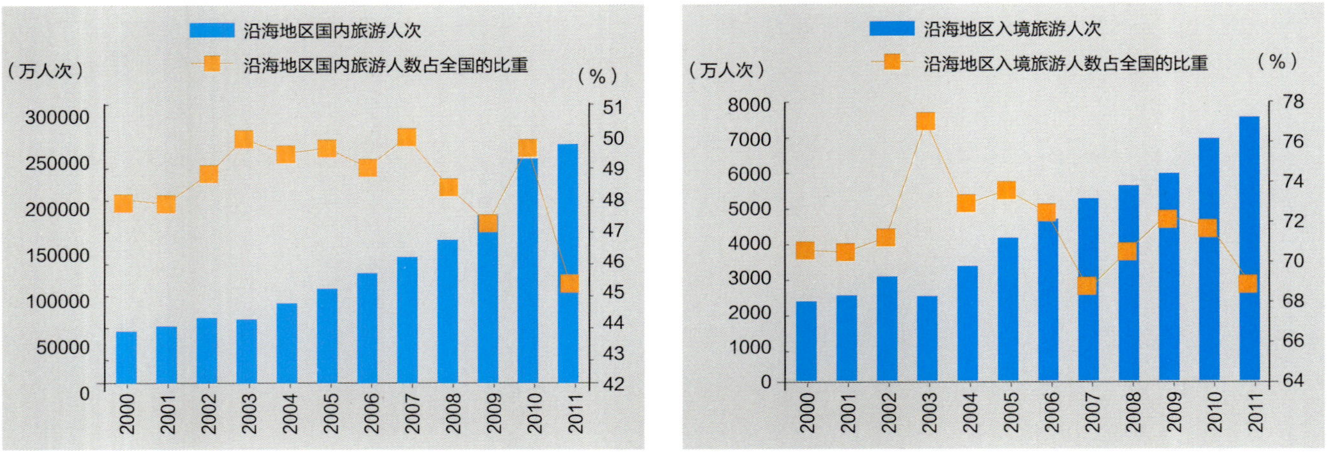


**图9　我国沿海地区旅游市场时序变化趋势**

着不可分割的依存关系[2]。这种关联在互动中又转化为彼此有益的联动关系。狭义的海洋旅游产业结构是指以食、住、行、游、购、娱为核心的旅游业内部各大行业间的经济技术联系与比例关系。旅游产业结构状况反映海洋旅游业发展方向和发展水平，制约着海洋旅游业发展的速度和水平。由图8可知，就海洋入境旅游而言，2011年在我国海洋旅游外汇收入构成中，交通、购物和住宿所占比重较大，仅交通和购物两项就占旅游外汇收入总额的57.91%以上，三者比重之和超过70%。相对来说，餐饮、娱乐、游览和邮电通信的旅游外汇收入所占比重不到30%。

从部门结构来看，我国海洋旅游产业各行业部门的基础较好，结构效益高于全国平均水平，具有明显的竞争优势，各部门增长速度又快于全国相应部门的增长速度，属于结构增长性部门。其中，交通、购物、住宿等部门不仅竞争力强，且具有较快的发展速度；游览发展速度相对缓慢，竞争力较弱。因此，交通、餐饮、住宿等消费弹性较小的传统部门仍是海洋旅游旅游产业发展中的主导力量；购物部门竞争力强，但是对旅游外汇收入的贡献率较小，游览部门竞争力弱，贡献率也小[3]。值得注意的是，目前我国海洋旅游开发的资源依赖性、产品同质性、产业关联与协同、产业升级速度等方面存在诸多问题，造成了海洋旅游产业的高投入与低效率发展，海洋旅游产业部门之间功能界限不明显，部门之间合作存在障碍，海洋旅游产业行业部门结构尚不合理，今后应重点扶持优势产业部门，积极发展竞争力日

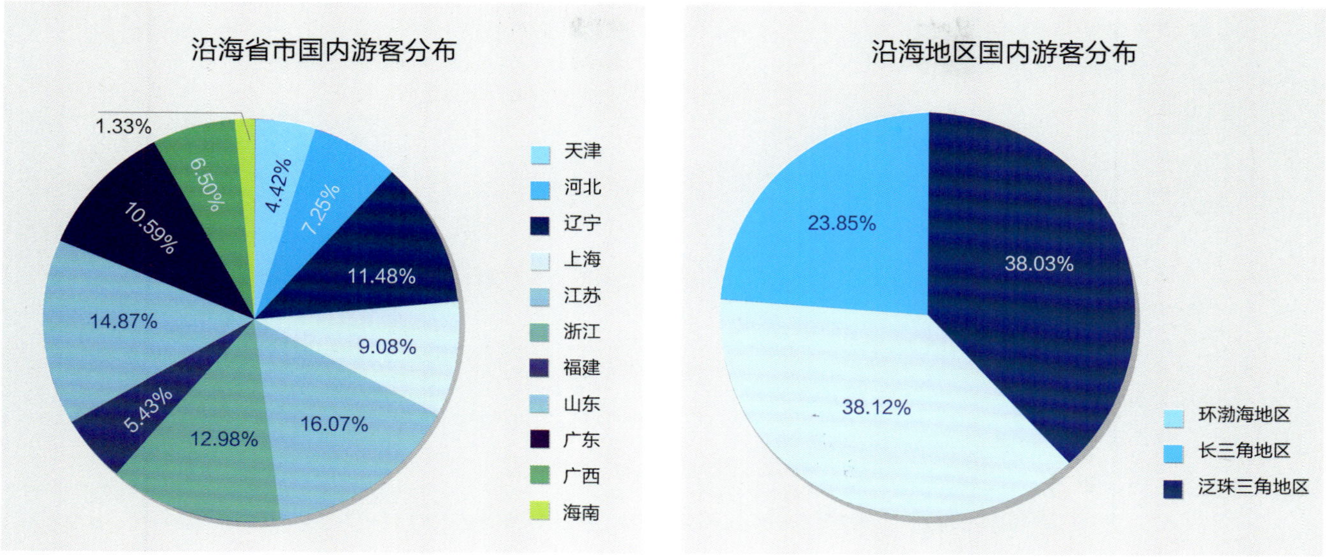


**图10 我国沿海地区国内游客分布状况**

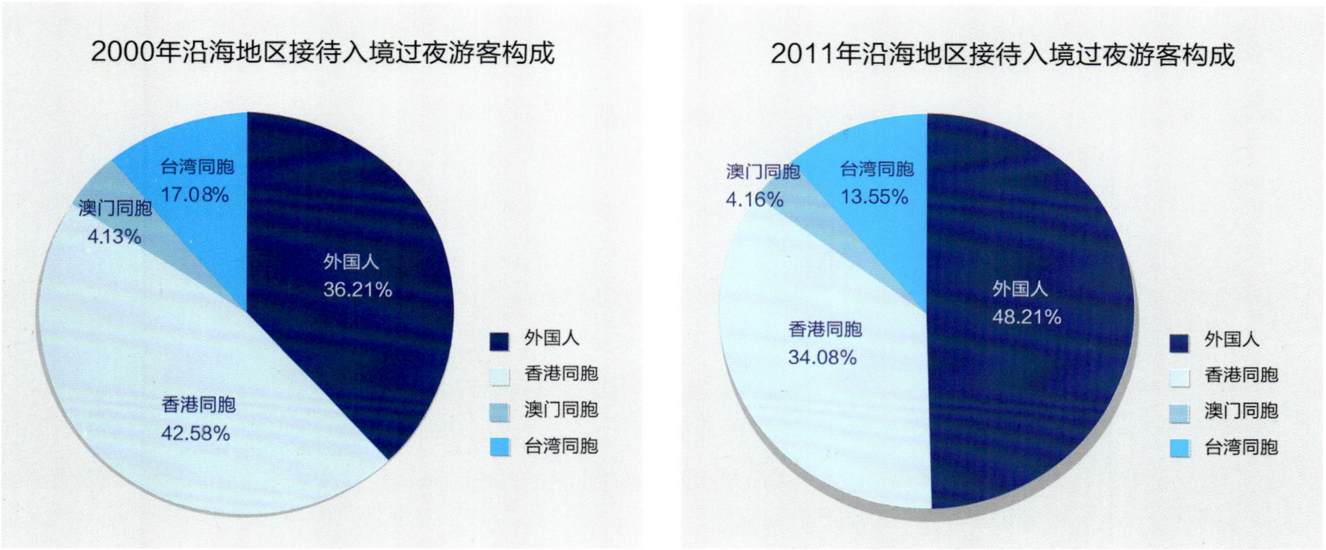


**图11 2000年、2011年沿海地区接待入境过夜游客构成**

益衰减的传统产业部门，同时大力发展不具备优势但消费弹性较大的产业部门，进而全面推动海洋旅游产业部门结构的优化与升级。

## 2.4 我国海洋旅游产业市场结构

### 2.4.1 沿海地区国内旅游市场

自90年代以来沿海地区国内市场蓬勃兴起，逐渐成为我国海洋旅游市场的主体。海洋旅游作一种重要的消费方式在拉动内需、推动经济增长方面已成为广泛共识。进入21世纪，沿海地区国内市场更是取得了快速的增长。如图9所示，2000~2011年间，沿海地区国内游客数量年均增长率达13.84%，且历年国内旅游人次占全国总量的比例均保持在45%以上。至2011年底，沿海地区国内游客量达256855.9万人次，占全国总量的45.2%。上海、杭州、深圳、广州等沿海开放城市、经济特区、知名沿海旅游城市的经济基础发达，城市化水平较高，居民消费能力强，它们是我国主要的海洋旅游目

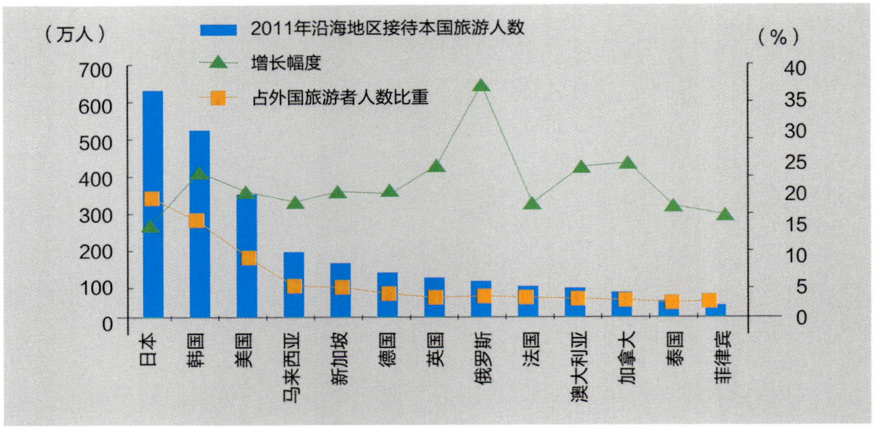


**图12 我国沿海地区主要客源国分布状况**
**注：(1)相关基础数据根据中国旅游统计年鉴（2002~2012年）整理、计算而得；(2)沿海地区接待各个国家的游客的增长幅度由2001~2011年数据计算而得。**

**图13 福建省东山岛**　　**陈雷/摄**

的地和游客集散地，其国内游客规模较大、人均旅游消费较高、出游率的增长速度较快。

从省域看来，2000~2011年江苏省国内游客平均总量占沿海总量的16.07%，是海洋旅游国内市场的主要目的地，其次为山东、辽宁、广东，如图10（左）所示。从区域分布上看，环渤海地区、长三角地区占据了沿海地区国内旅游市场的绝大份额，如图10（右）所示。此外，随着沿海地区城市化进程加快，城市数量和城市规模进一步扩大，京津冀、长三角、珠三角、山东半岛、辽中南、海峡西岸等沿海城市群体系不断完善，沿海地区国内旅游消费需求不断增长、消费结构不断优化，对我国海洋旅游消费的拉动作用日益突出。

### 2.4.2 沿海地区入境旅游市场

改革开放之初，以重点旅游地区城市、旅游口岸地区城市和沿海城市为中心，我国沿海地区入境旅游市场得到优先拓展。进入21世纪，沿海地区入境旅游市场表现出强劲的增长势头，入境游客数量年均增长11.77%，且入境游客数量占全国总量的比例均超过68%（如图9所示）。至2011年底，沿海地区入境游客数量达7471.62万人次，占全国入境游客总数的68.77%。上海、深圳、广州等开放城市作为入境口岸，成为我国沿海地区入境市场的重要中转枢纽。

沿海地区入境旅游客源市场由外国游客和港澳台同胞构成。从构成比例上看，外国游客市场总额逐年增加，港澳台同胞游客比重则呈下降趋势，目前外国游客和港澳台游客分别占据了入境旅游市场的半壁江山（见图11）。

外国游客构成中，来自亚洲的游客比重最大，其次是欧洲、美洲旅游者，最后是大洋洲和非洲旅游者。从主要客源国构成来看，如图12所示，沿海地区入境旅游市场相对稳定，日、韩、美三国市场份额接近总量的一半。其中韩国、日本为我国沿海地区入境旅游的两大客源国，二者占据主要客源国40%的市场份额，但受中日政治关系等因素影响，日本市场增长幅度低于韩国。美国为第三大客源市场，市场份额稳定在8%~9%。值得注意的是，沿海地区入境游客消费水平的提升明显滞后于入境旅游规模的增长，入境旅游消费结构的不合理性也直接影响了海洋旅游总体发展水平的提高，入境游客消费水平和消费结构亟待提高和改善。此外，入境游客的旅游动机由大到小排列为观光休闲、会议和商务、务工、探亲访友等[4]。

## 3.我国海洋旅游功能区划研究

### 3.1 海洋旅游功能区划分依据

海洋旅游功能区划分是兼顾自然生态、社会经济等综合性旅游环境因素，统筹考虑海洋资源环境、海洋生态功能与海洋旅游产业发展的空间协调和功能优化，将沿海地区划分为不同海洋旅游功能区，系统研究并明确各功能区域范围、发展目标与功能定位，从而制定具体有效的空间管治措施，实施差异化的区域开发模式和政策，对具有全国影响力的沿海旅游功能区进行重点调控。我国海洋旅游功能分区应遵循海洋旅游资源的区内相似性与区际差异性、行政区相对完整性以及海陆统筹与区域协调相结合等原则，要充分考虑海洋旅游资源类型、特征与分布格局，海洋旅游产业发展条件以及旅游开发基础，结合海洋旅游产业发展的地域差异，在海洋旅游功能定位、海洋旅游产业布局方面要与国家“十一五”规划所确定的四类主体功能区相协调，同时要与《全国海洋功能区划（2011~2020）》国家总体定位相协调。

### 3.2 海洋旅游功能区划分方案

我国沿海地区旅游产业及其开发布局已形成以沿海城市为依托的总体格局，它们承担了沿海各省近2/3的旅游经济总量和游客规模，是沿海地区旅游产业集聚区，其能够很好地反映我国沿海地区海洋旅游发展的现状与趋势。因此，从全国沿海地区整体角度，基于旅游产业特点及其区域管理的可操作性，以53个沿海城市作为我国海洋旅游功能分区的基本地域单元，确定我国海洋旅游功能分区方案，如图14所示。

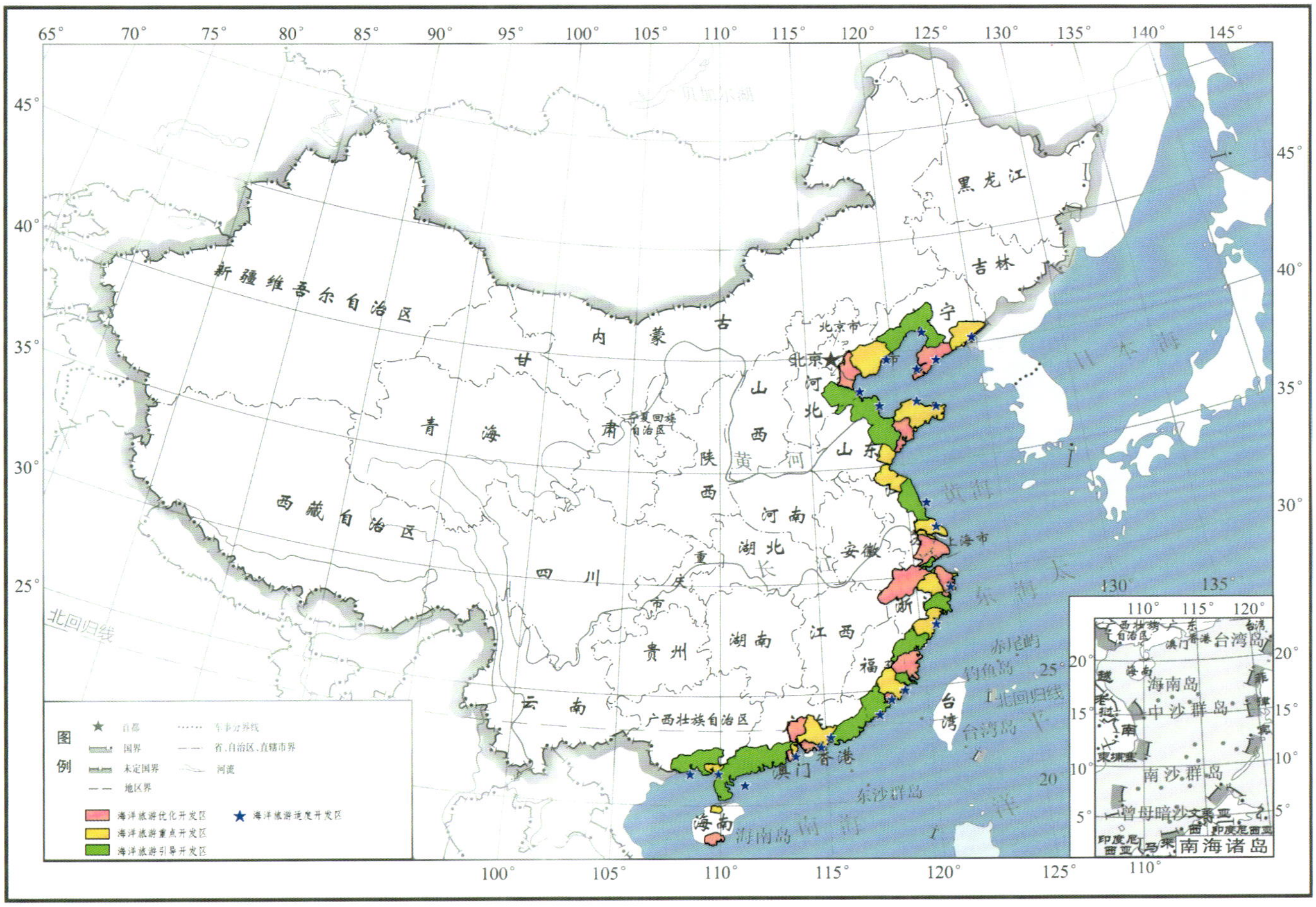


本图底图审图号:GS(2008)1514号　2008年6月　国家测绘局制

**图14 我国海洋旅游功能分区示意图**

图15 海南省陵水县南湾猴岛 图片提供：南湾猴岛景区

（1）海洋旅游优化开发区：覆盖分布12个沿海城市，它们均是我国重要的旅游目的地与客源地。其人口规模占沿海城市总量的1/3，土地面积不足1/5，海洋旅游市场规模和旅游总收入占沿海城市的比重却分别达到50%和65%。本区是全国范围内旅游活动和旅游产业要素密集分布区，处于旅游产业结构优化、发展模式跨越、竞争力进一步提升的关键阶段，也是参与全球分工与竞争和提高国家旅游竞争力的核心。海洋旅游优化开发区需要进一步提升和巩固旅游产业主导地位，在确保海洋旅游经济快速发展的同时，注重旅游资源空间优化配置与旅游产业结构升级，实现旅游可持续开发与集约化发展；进一步增强旅游产业要素和旅游流集聚能力，充分利用核心城市在沿海地区的辐射与扩散能力，有效提升中国滨海旅游整体实力和国际竞争力。

（2）海洋旅游重点开发区：覆盖17个沿海城市，它们多为沿海经济较发达的城市，是主要的旅游节点，适宜于大规模旅游开发。其人口规模与土地面积分别为沿海城市总量的28%和30%，旅游市场规模和旅游总收入分别占沿海城市总量的27%和20%。本区能够对沿海地区旅游经济格局产生重大影响，并可以成为支撑沿海地区旅游经济发展的重要增长极。海洋旅游重点开发区应充分利用旅游资源、旅游产业地位、区域发展水平等比较优势，营造城市旅游环境和提升旅游吸引力，打造独特的城市旅游品牌，突出连接核心城市和引领欠发达旅游城市的作用，逐步成为沿海地区重要的海洋旅游产业集聚区。

（3）海洋旅游引导开发区：覆盖24个沿海城市，该区接近全国沿海城市一半的土地面积仅仅容纳了沿海地区20%的旅游市场规模，旅游市场不足沿海城市总量的10%，旅游总收入仅为沿海城市总量的13%，尤其是旅游外汇收入比重仅为5%。本区处于海洋旅游产业功能的形成初期，是海洋旅游协调发展空间格局中的重要区域。本区旅游资源特色突出，具有一定旅游开发价值和旅游资源环境承载能力，但当前旅游开发力度不够，产业定位不清，旅游市场规模不大，旅游经济水平不高，旅游经济集聚的条件不够好，大部分城市为我国沿海经济欠发达地区，经济基础相对薄弱，经济水平比较落后，旅游发展受到经济基础和产业规模制约明显。为此，海洋旅游引导开发区应坚持“引导开发”的原则，充分发挥政府主导作用，提高政策、资金、技术等在旅游开发方面的扶持力度，为旅游产业的发展提供经济动力和支撑力，拓展多样化的投融资渠道，提高从业人员素质，培育旅游专业人才。

（4）海洋旅游适度开发区：是海洋生态旅游开发的重要资源和空间承载体，主要呈点状散布于沿海地区的各类自然保护区（包括国家地质公园、国家森林公园、国家水利风景名胜区、湿地公园、国家级与地方级海洋自然保护区、世界自然文化遗产、全国文物保护单位等），其面积较少，数量较多，具有较独特的旅游开发价值，但其环境承载能力较弱，生态稳定性较差，对旅游开发和旅游活动等外界干扰的承受能力较低。海洋旅游适度开发区要坚持适度的保护性开发，保证实现旅游经济效益与生态效益的协调和平衡，应在严格保护区域生态环境的基础上，立足资源特色，积极改善旅游发展环境，有选择地进行旅游开发，重点打造时尚、环保的生态旅游产品，进而推动海洋生态旅游产业的快速发展。

总体来说，海洋旅游优化开发和重点开发类型区以我国沿海对外开放城市和经济特区为主体，广泛分布于长江三角洲、珠江三角洲和闽南厦漳泉三角地区、辽东半岛、山东半岛等沿海经济发达地区，基本涵盖了我国“滨海度假国家”旅游线路中的重要旅游目的地。它们是沿海地区快速发展的“经济增长极”，具有发展旅游经济得天独厚的区位条件和优势。引导开发类型区旅游发展水平不高，开发规模有限，旅游产业基础薄弱。部分城市位于沿海欠发达地区，社会经济基础较差，环境开发成本较高，要想快速开发还具有一定的难度，亟须进行产业引导。

**【基金项目】**国家社会科学基金青年项目（12CGL059）、教育部人文社会科学研究青年基金项目（项目编号：11YJC630130）、教育部人文社会科学重点研究基地重大培育项目（2012JDPY02）联合资助。

## 参考文献

[1] 刘容子 . 海洋经济发展面临的机遇与挑战 [DB/OL]. http://wdc-d.coi.gov.cn/dt/114101.htm.

[2] 董玉明 . 中国海洋旅游业的发展与地位研究 [J]. 海洋科学进展，2002，20（4）：109~115.

[3] 刘佳，赵金金 . 我国滨海旅游产业结构及集群效应定量分析 [J]. 山西财经大学学报 ,34(2):66~75.

[4] 刘明，徐磊 . 我国滨海旅游市场分析 [J]. 经济地理，2011，31（2）：317~321.

# 城市发展背景下的海洋旅游研究——以珠江三角洲地区为例

# Marine Tourism Research and Urban Development—The Pearl River Delta Region Case Study

文 / 刘杰武

**【摘 要】**

通过对城市发展与海洋旅游发展的历程分析，总结了从单体城市为背景的海滩旅游发展至以组团城市和区域城市为背景的海岸带旅游，最终发展至以城市群为背景的海洋旅游的不同特点与发展的关系，并以珠江三角洲地区的发展进行了实例研究，探索城市发展与海洋旅游的内在关系。

**【关键词】**

城市发展；海洋旅游；珠江三角洲地区；城市群

**【作者简介】**

刘杰武　博士，深圳大学旅游文化系讲师

图1 深圳东部华侨城海景别墅 刘杰武/摄

2013年1月1日，国家旅游总局宣布今年中国的旅游主题为“海洋旅游年”，海洋旅游作为一个整体的概念首次为大众所关注。在此之前，海洋旅游的探讨早已展开。海洋旅游的概念在2000年前后在国内兴起，李悦铮[1]等以大连为例，将海洋旅游作为滨海旅游的延伸进行了相应的论述，董玉明[2]等当时将海洋旅游与滨海旅游并列，海洋旅游主要侧重于远离陆地的海面旅游与活动。之后海洋旅游的概念逐步发展，尤其是在舟山市探索国家级海洋综合开发实验区期间，以舟山作为案例，王大悟[3]、王颖[4]等从城市发展、产业集群等角度开始阐述，开始了从多视角探讨海洋旅游。综合而言，目前国内的海洋旅游探讨主要集中于以下两方面：一是海洋旅游中的单项旅游的探讨，例如刘明[5]、池雄标[6]等对海洋旅游中的传统重点领域——滨海旅游的市场及开发进行了较为详细的探讨；向宝惠[7]、任淑华[8]等对海洋旅游中的新兴形式——海岛旅游，以中国沿海岛屿、舟山群岛为例进行了海岛开发战略分析；二是对海洋旅游资源、市场、生态、旅游产品等方面的研究，例如王淼[9]、张延[10]等分别就海洋旅游资源产权与海洋旅游产品进

图2 深圳大梅沙海景 刘杰武/摄

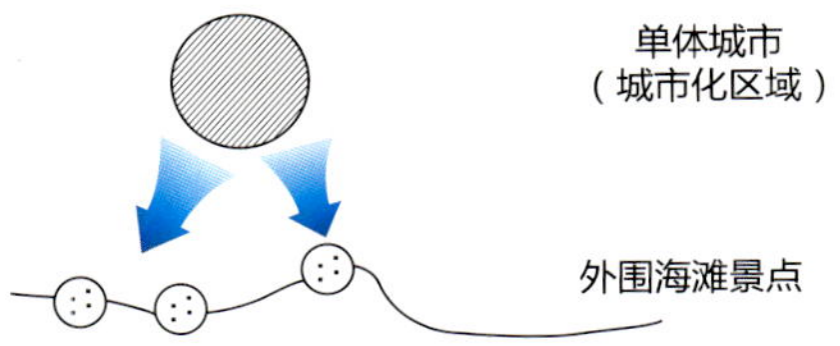


**图3 单体城市与海滩旅游**

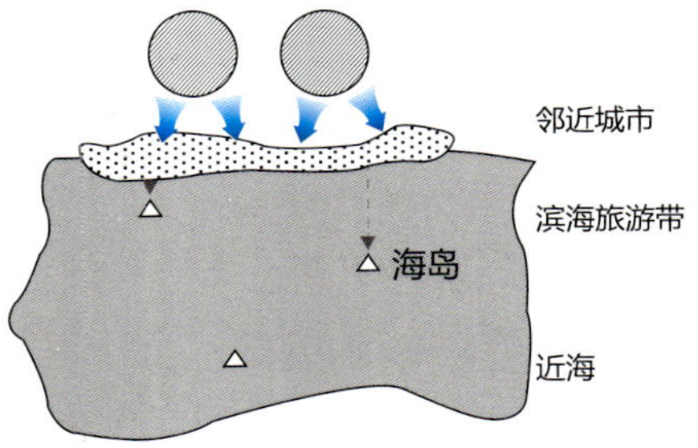


**图4 区域城市/组团城市与海岸带旅游**

行探讨。

海洋旅游的前瞻性的研究为这一领域的健康发展起到了良好的指导作用，但是随着中国社会经济的迅猛发展，现有的研究逐渐展现不足：首先是海洋旅游的界定仍不清晰，概念界定的模糊导致后期研究的对象不确定，研究间缺乏可比较标准；第二是前期的研究视角过于狭窄，仅仅关注海洋旅游本身的资源要素、活动构成、产品开发等，多因素对于海洋旅游的影响未能体现。而随着中国的城镇化发展，城市对于海洋旅游的影响日益增大，具体而言，目前中国的海洋旅游并非脱离了传统的渔业活动，而是一种国外生活方式的植入，它的前期基础设施投资大、介入门槛高，因此只有在聚集了大量资金、人才、技术的城市才能实现，研究城市与海洋旅游的互动关系，尤其是在已发展成熟的城市群背景下研究海洋旅游战略，对于未来中国的海洋旅游的持续、健康的发展有着重要意义。

海洋旅游是以“4s”——“sun、sand、surf、sex[11]”为特征的综合型旅游活动，Miller M L等发现海洋旅游是当今世界上增速最快的旅游形式，而海洋旅游区域是发展最为迅猛的地区[12]，而推动海洋旅游迅速发展的动力正是城市发展。在中国伴随着城市的发展，海洋旅游历经了三个阶段。

## 1. 单体城市与海滩旅游

改革开放后，中国的滨海城市进入发展初期，由于长期的国际政治影响以及改革开放初期国内商品经济的发展，城市的主城区往往远离滨海区域，滨海地区城市规模不大，

**图5 珠海情侣路岸线规划** **资料来源：珠海市住房建设与规划局，《珠海市城市规划简介》**

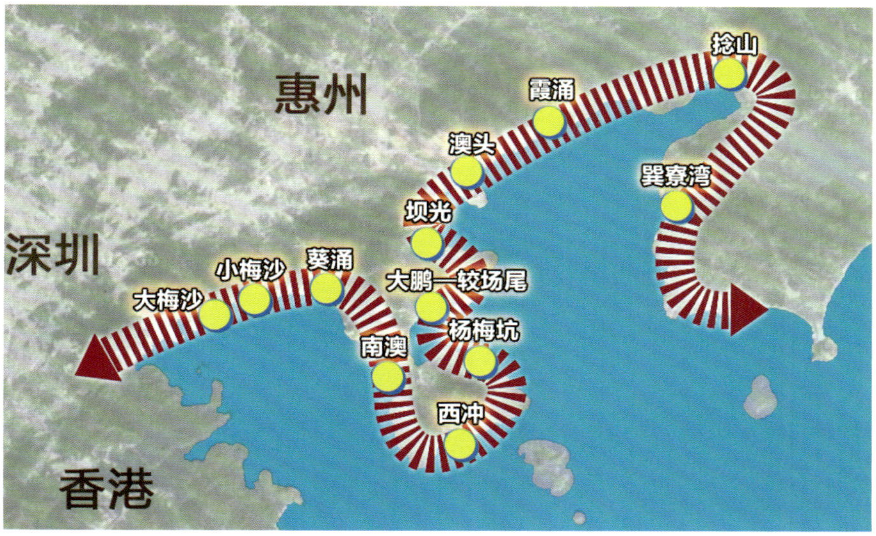


**图6 深惠区域城市的海岸旅游带**

发展规模却非常迅速。这一时期滨海区域在城市中的价值往往体现在三方面，一是承担着沟通内河航运的城市港口职能，二是城市海洋渔业的依托地，三是部分对外开放城市的优质海滩逐步发展为海滨旅游点，例如珠海的香洲区沿海地带。这一时期的滨海城市规模不大，城镇化率较低，诸如中山、珠海、东莞等地的城镇化率都在30%以下，城市化地区集中于主城区及附近。

这一时期沿海开放城市中为了吸引国内外旅游者积极为城市创收，拉开了海滩旅游开发的序幕。单体城市依托于紧密相连的海滨疗养所等已有基础设施发展海滩旅游。这一时期海滩旅游项目较为低端，主要为沙滩观光与海水浴，而海滩旅游开发主要依靠海滨本身优秀的自然资源及优秀的区位，“3s”（sun、sand、sea）的理念开始为人所知（图3）。青岛第一海水浴场、北戴河疗养院等就是这一时期的代表。1992年10月，国务院批准的国家级旅游度假区的建设，其中滨海旅游度假区包括大连金石滩、青岛市老人、莆田湄洲岛、三亚亚龙湾、北海银滩，国家级旅游度假区进一步推动了海滩旅游的开发，但是这些开发并没有脱离单体城市发展海滩旅游的范畴。

海滩旅游依托城市优质海滩资源，简单的步道、冲凉房、小木屋、烧烤场以及简陋的商业服务系统构成了海滩的基本服务设施，旅游城镇化开始起步，在海滩点周围形成季节性的人群聚集为海滩旅游服务，但原有的渔村等居民聚居点与海滩旅游的关联不大。

## 2. 区域城市/组团城市与海岸带旅游

随着中国改革开放程度的提升，沿海地区逐渐成为对外最活跃的区域，是外资进入中国最先着陆的所在，滨海的区位迅速得以提升，滨海新区的建设在全国如火如荼地进行，例如天津滨海新区、青岛高新技术开发区等等，城市的中心区也逐渐地向滨海地带靠拢。新区的建设与老区的繁荣并存，多中心的城市结构逐

**图7 深圳东部华侨城海景高尔夫** **刘杰武/摄**

渐涌现，组团城市随之形成，例如珠海、青岛、温州等。随着沿海城市之间的联系日益增强，滨海城市的协作日益密切，区域城市开始成形。例如福建的厦门与泉州，山东的青岛、威海、烟台等等。

与城市发展密切相关的是滨海旅游活动，滨海城市的日益壮大带来了强大的内需，尤其是本地市民的休闲逐渐兴起，使得原有滨海旅游的沙滩区域逐渐不能满足市民的休闲需求；加之市域组团间的海滨区域以及城市之间的海岸地区交通状况不断改善，原有的处于偏僻区位的滨海地区逐步开发。在整合了城市组团、区域城市间的滨海旅游点的基础上，以海岸为纽带的线状连绵休闲度假带开始出现，从而进入了海洋旅游的第二阶段——海岸带旅游（图4）。国内第一条成型的海岸带是珠海1993年开始建设的情侣路滨海观光带，它连接香洲、吉大、拱北、金州新区等城市组团，发展了真正意义上的海岸带旅游（图5）。其后大连的情人路、烟台的滨海路等陆续建设带动了组团城市的海岸带旅游。而深圳自盐田区大、小梅沙经大鹏新区直至惠州澳头、霞涌、巽寮湾跨越大鹏湾与大亚湾形成的海岸带旅游则是区域城市发展后自发演变的结果（图6）。

组团城市整合了城市不同区域间的岸线功能、区域城市整合了城市间岸线职能，将零散的、自发的海滩开发整合为系统的海岸带线性旅游，在原有单一的海滩观光与海水浴项目基础上将近海海岛纳入旅游体系，红树林、滩涂、礁石景观资源逐步得以利用，旅游活动更趋多样，诸如绿道骑行、沙滩活动、潜水活动、海岛度假等。海岸带旅游活动也不再是单个海滩点的零散开发，它在地域上呈现明显的带状特征。

海滨带旅游者人群开始逐步分异，吸引人群由外来旅游者逐渐转向本地旅游者，本地居民的海滨休闲活动逐渐取代了原有的观光旅游成为主要的旅游形式。同时以城市作息为特征的周末旅游取代原来特征明显的淡旺季旅游。海洋活动方面，开始以海滨为核心地带，开始向近海以及海岛进行延伸，例如珠海的海狸岛，通过栈桥、码头等进行拓展。

## 3. 城市群与海洋旅游

区域城市发展到一定的阶段，城市之间的联系日益增强，区域内城市间形成稳定的联系，整个区域的城市化地区连接成片，从而形成城市群。城市群中存在中心城市，它集中了城市群最主要的人口，承担了城市群地区最主要的服务功能，城市群全面涵盖滨海地区，使得海岸地带成为城市群中重要的城市景观所在，在此背景下，海洋旅游逐渐兴起，取代原有的滨海旅游外部服务功能，转而主要服务于城市群内部人群。珠三角地区的海洋旅游就是在这种背景下发展起来的。经过30多年的改革开放，珠三角地区九大城市（广州、深圳、珠海、佛山、肇庆、中山、江门、惠州、东莞）在地理空间上彻底连为一体，加上香港、澳门，珠江入海口及周边的海岸带全部涵盖在珠三角城市群范围内，海洋旅游也就在这种环境下起步的。

城市群的兴起，使得城市群内部城市间的联系更加紧密，交通的便利使得城市群内部的通达性更加顺畅，至2012年珠三角高速公路通车里程达3000公里，珠三角逐步推进广佛肇、珠中江、深莞惠的三大都市圈的同城化融合，随着港珠澳跨海大桥的建成，珠三角都市圈之间的车程时间缩短为1小时，整个珠三角城市群实现4小时生活圈。在此过程中，城市群内部的休闲市场逐渐发育，珠三角人均GDP达84563元，折合美元13454美元，根据世界旅游组织研究人均GDP超过10000美元时，主题体验旅游兴起，而珠三角巨大的经济实力催生了城市群内巨大的休闲旅游市场。根据2011年4月~6月，作者在深圳地区随机发放500份问卷，有效回收483份，利用SPSS17.0频数分析得到在确定出游的被调查者中，利用周末进行旅游活动的占78%，利用黄金周出游的占54%，利用小长假出游的占37%。由此可见周末游已经成为珠三角城市

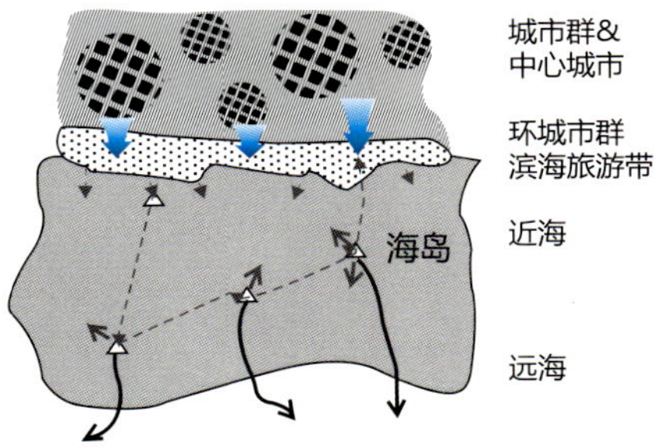


**图8 城市群与海洋旅游**

群内居民的重要选择。而周末游也决定了出游的半径多数控制在6小时车程内，珠三角城市群恰巧全部涵括其中，而与都市地区风情差异巨大的海岸地区则成为了城市群内居民的重要选择，在此背景下海洋旅游应运而生。

海洋旅游是城市群诞伸后才产生的一种旅游形式，它的空间范围已经不再局限于海岸地区，转而向近海、海岛延伸，进而与远海相连。总体而言，海洋旅游是以城市群为市场，以滨海地区为依托，以陆域海洋文化为补充，以近海活动为提升，以海岛旅游为亮点，海陆空全方位发展的一种现代都市海洋活动（图8）。

在城市群与海洋旅游阶段，旅游进一步分异。首先是本地与外来客源市场的分异。随着城市群内部功能的分异，对海洋旅游资源的利用改变了以往各地区的粗放式开发，更好区位的海洋资源逐渐被用以吸引外来旅游者，部分资源甚至被用以吸引海外旅游者，而区位较便宜、资源较好的地域则用以吸引城市群内休闲者。第二是高、中、低旅游地的出现，海洋旅游不再是以往的滨海旅游的混杂式开发，不同层次的旅游在地域上逐渐分区，形成不同级别的旅游产业集聚，从而实现了旅游地的有效利用。

海岛与近海的开拓是城市群背景下的海洋旅游的重要方面，由于城市群居民对于海洋休闲方式的进一步认可，各种新型的海洋活动被引入和开发出来，城市群庞大的人口基数又为这一类的活动提供了稳定的人群，近海海洋活动开始兴起。同时由于经济实力的强大，通畅的海上交

图9 惠州金融街巽寮湾海景　　刘杰武/摄

图10 惠州东部渔家乐 刘杰武/摄

表1 城市发展与海洋旅游各阶段比较

| 阶 段 | 主要旅游活动 | 重要设施及资源 | 吸引人群的分异 |
|---|---|---|---|
| 海滩旅游与单体城市 | 滨海观光、海水浴、阳光浴等 | 道路、沙滩景观、冲凉房等、海滨疗养所、烧烤场等 | 国内外旅游者混杂 |
| 海岸带旅游与区域城市 | 新增沙滩活动、自行车、快艇、绿道骑行 | 礁石景观、红树林景观、海堤景观等 | 本地居民为主，外来游客为辅 |
| 海洋旅游与城市群 | 新增邮轮、潜水、海钓、巡游、冲浪以及其他新型海洋活动 | 近海海域、邮轮码头、海钓码头、海洋活动基地等 | 明显的人群分异，旅游者与休闲者的分异 |

通方式将陆地与海洋连接，海岛的开发不仅仅局限于近岸岛屿，更多的离岸岛屿被开发出来，例如珠海的万山群岛近年来已陆续有喜来登等大型酒店入驻。

## 4. 城市与海洋旅游关系研究

海洋旅游与城市发展密不可分，从发展历程可以看出在主要旅游活动、重要基础设施以及吸引的人群方面都有着较大的差异（表1）。

由表1可知，在城市发展初期，海滩旅游作为城市经济活动的基本部分，承担着为城市创收的重要功能[13]，城市经济体量的狭小导致海洋资源开发的狭窄——仅有区位良好的优质海滩资源被开发，且零散开发居多，旅游设施也非常简陋。但随着城市的一步步发展，单体城市规模逐渐扩大，城市内部逐渐分化组团、城市外部与其他城市相连成为区域城市，城市空间的优化带来海洋旅游开发的新契机，城市经济规模的提高促使海洋旅游的开发呈带状特点，海岸带旅游由此形成。海岸带旅游转而开始吸引本地人群进行休闲活动，在旅游资源方面不仅仅局限于海滩资源， 礁石景观、红树林景观等进入开发行列，政府的投入也日渐增大，绿道、片区整体开发也被引入。而城市群作为城市发展的高级阶段，由于城市群本身拥有的巨大经济体量以及庞大的旅游消费人群，使得海洋旅游成为一项区域内的非基本活动，城市群统一规划，例如珠三角地区的《珠三角城镇群协调发展规划》、《珠江三角洲地区改革发展规划纲要（2008~2020）》等整体性规划实现了从城市群陆域到海域的协调发展，拓展了海洋旅游的资源范畴，并最终实现了海洋旅游的整体架构。

海洋旅游的发展实际上是城市功能逐渐完善的过程，并随着城市、区域城市、城市群的空间组合与空间优化，海洋旅游呈现不同的发展形势，为城市服务的职能却始终未变，城市在发展壮大提升优化的过程中对海洋部分逐渐重视并加大基础设施的投入，而海洋旅游业在政府与市场的双驱动下实现城市经济活动的基本部分与非基本部分的功能，二者相互促进使城市质量不断提升。

## 5. 结论

从以单体城市为背景的海滩旅游发展至以组团城市和区域城市为背景的海岸带旅游，最终发展至以城市群为背景的海洋旅游体现了中国城市发展对于海洋旅游的重大影响，反映出中国海洋旅游的发展是与城镇化密不可分的，尤其受限于经济发展水平与城市综合实力，而珠江三角洲地区的海洋旅游发展历程恰恰体现了这一趋势，但珠江三角洲地区的海洋旅游仅仅崭露了头角，它的海洋旅游体系仍需架构。

**【基金项目】**本论文受深圳大学人文社科基金项目资助（项目编号：10QNCG20）、深圳市哲学社会科学"十二五规划课题"（项目编号：125B111）。

**参考文献**

[1] 李悦铮．发挥海洋旅游资源优势，加快大连旅游业发展 [J]. 人文地理 ,2001,16(5)：93–97.

[2] 董玉明．中国海洋旅游业的发展与地位研究 [J]. 海洋科学进展 ,2002,20(4)：109–115.

[3] 王大悟．海洋旅游开发研究——兼论舟山海洋文化旅游和谐发展的策略 [J]. 旅游科学 ,2005,19(5)：68–72.

[4] 王颖，阳立军．舟山群岛海洋文化产业集群形成机理与发展模式研究 [J]. 人文地理 .2012,6(128)：67–71.

[5] 刘明，徐磊．我国滨海旅游市场分析 [J]. 经济地理 .2011,5(31)：317–322.

[6] 池雄标．滨海旅游理论与实践 [M]. 广州：中山大学出版社 .2004.

[7] 向宝惠，王灵恩．中国海洋海岛旅游发展战略探讨 [J]. 生态经济 ,2012,9(257)：141–145.

[8] 任淑华．舟山海岛旅游开发策略研究 [J]. 经济地理 ,2011,5(31): 322–327.

[9] 王淼，贺义雄．我国海洋旅游资源资产的产权界定与产权关系探讨 [J]. 旅游科学 ,2006,4(20)：38–42.

[10] 张延．基于离散选择回归模型的中日海洋旅游产品选择对比研究 [J]. 经济地理 ,2011,3(31)：504–509.

[11]Miller ML, Auyong J. Ocean & Coastal Management: Trends in ocean and coastal tourism: the end of the last frontier. 2001,44: 601–608.

[12]Miller ML, Auyong J. Coastal zone tourism: a potent force affecting environment and society.Marine Policy ,1991,15(2)：75–99.

[13] 周一星．城市地理学 [M]. 北京：商务印书馆出版社 ,2007：171–172.

# 产业转型背景下的浙江海洋旅游提升发展

# Promotion and Development of Zhejiang Marine Tourism and Industrial Transformation

文/ 马丽卿

**【摘 要】**

21世纪的浙江海洋旅游业发展已进入快车道，产业规模和宏观经济效益显著，然而与20世纪八九十年代相比，其增长幅度明显趋缓、产业形态、产品类型呈现出多元、创新态势。在产业转型升级背景下，如何充分利用资源、交通、区位、经济优势，消除垄断性资源缺乏、产品低端化、交通集散瓶颈、新型业态滞后、产业定位过低等阻碍，根据旅游市场发展趋势，挖掘区域特色、整合产业要素、优化产业结构、通过“东海国际旅游群岛”核心旅游区建设、国家海洋旅游改革综合试验区的先行先试经验积累，构建“一轴三群三带一核心”的区域海洋旅游产业协调发展新格局，建设我国海洋文化和休闲旅游高端旅游目的地，增加海洋旅游产业国际竞争力，促进浙江海洋旅游业的提升发展。

**【关键词】**

产业转型；海洋旅游业；提升发展；对策；浙江省

**【作者简介】**

马丽卿 浙江海洋学院教授，硕士生导师

约占地球表面积71%的海洋水域有着发展旅游的广阔空间，海洋是今天国际旅游的首选目的地，海洋旅游也是市场占有率最高、消费水平最高、生命周期最长的旅游产品。浙江海洋旅游规模初显，产业地位日益凸显；在产业转型升级背景下，海洋旅游呈现出多元化、生态化、休闲化、创新化的态势，海洋旅游业水平有着巨大的提升空间。

## 1. 转型期的浙江海洋旅游业

### 1.1 海洋旅游经济状况

近年来，浙江海洋旅游收入占全省旅游经济总量的半壁江山，在全省海洋经济总量中有着举足轻重的地位。根据浙江省旅游局汇总数据显示：从2005年到2012年，沿海37个县市①国内旅游接待量从12479.5万人次增加到35047.6万人次，旅游总收入从1277.94亿元增加到4345亿元；入境旅游接待量从302.6万人次增加到706.78万人次，旅游创汇从143097万美元增加到401857万美元。但与20世纪八九十年代相比，海洋旅游业增长势头明显趋缓，递增幅度几乎相同（表1）；入境旅游收入在对外经济体系中虽占一定比重，但不再作为主要创汇战略，各年的增幅都维持在1.2%~1.4%之间，浙江海洋旅游产业已从快速增长趋向成熟稳定，产业发展进入了转型期。

### 1.2 景区景点建设状况

截至2012年底，全省沿海县（市）拥有省内唯一的雁荡山世界地质公园和南麂列岛、象山韭山列岛2个国家级海洋自然保护区，7个国家级风景名胜区、2个国家级地质公园、10个国家级森林公园、1个国家级旅游度假区，10个省级旅游度假区、15个省级风景名胜区、17个省级森林公园，3个5A级旅游区、34个4A级国家旅游区、23个3A级国家旅游区，以城市为核心、以国家级和省级旅游功能区为支撑的生产供给体系已经形成。

### 1.3 接待设施和服务状况

截至2011年底，浙江海洋旅游区已拥有的星级饭店782家、旅行社1501家，其中出境社有108家、标准床位超过17万张，同时还有大批社会饭店、家庭旅馆等接待设施。其中高、中、低档饭店呈现金字塔形布

**表1 2005~2012年浙江省沿海地区主要旅游经济指标**

| 指　标 | 2005 | 2006 | 2007 | 2008 | 2009 | 2010 | 2011 | 2012 |
|---|---|---|---|---|---|---|---|---|
| 入境人次（万） | 302.6 | 368 | 433 | 453.3 | 473.26 | 564.7 | 633.3 | 706.78 |
| 比上年增长% | 25.98 | 21.61 | 17.66 | 4.69 | 4.40 | 19.32 | 12.15 | 11.60 |
| 入境收入（万美元） | 143097 | 176060 | 217603.5 | 243411.3 | 254784.2 | 309033.9 | 355122.6 | 401857 |
| 比上年增长% | 32.86 | 23.04 | 23.60 | 11.86 | 4.67 | 21.29 | 14.91 | 13.16 |
| 在对外经济体系中% | 1.33 | 1.27 | 1.23 | 1.15 | 1.36 | 1.22 | 1.15 | 1.29 |
| 国内旅游人次（万） | 12479.5 | 14564 | 16879.1 | 19228.5 | 21947.5 | 26321.5 | 30546.3 | 35047.6 |
| 比上年增长% | 19.21 | 16.7 | 16.90 | 13.92 | 14.14 | 19.93 | 16.05 | 14.74 |
| 国内旅游收入（亿元） | 1223.4 | 1397.2 | 1660 | 1938.6 | 2253.6 | 2797.8 | 3436.4 | 3625.7 |
| 比上年增长% | 27.81 | 14.21 | 18.81 | 16.78 | 16.25 | 24.14 | 22.83 | 5.5 |
| 旅游总收入（亿元） | 1277.94 | 1538.1 | 1825.2 | 2108.1 | 2427.4 | 3037.8 | 3667.8 | 4345 |
| 总收入相当地区GDP% | 9.56 | 9.83 | 9.80 | 9.81 | 10.63 | 11.19 | 11.51 | 12.58 |

**注：数据来源，浙江省旅游局《历年浙江旅游便览》，浙江省统计局《历年浙江省国民经济和社会发展统计公报》**

①关于全省海洋旅游空间范围，本文采用浙江海洋渔业局和浙江省统计局原拟定的沿海地区口径，即按行政区划，以辖区内拥有海岸线的县来确定，全省沿海地区包括杭州、宁波、温州、嘉兴、绍兴、台州和舟山7个市下辖的上城区、江干区、滨江区、余杭区、萧山区，江东区、江北区、镇海区、北仑区、鄞洲区、慈溪市、余姚市、奉化市、宁海县、象山县，上虞市、绍兴县，平湖市、海宁市、海盐县，鹿城区、龙湾区、瓯海区、乐清市、瑞安市、平阳县、苍南县、洞头县，椒江区、黄岩区、临海市、温岭市、玉环县、三门县，定海区、普陀区、岱山县、嵊泗县。

局，基本满足海洋旅游发展的需求。另外，各旅游区内的旅行社、旅游汽车公司、航运游船公司、旅游票务中心等服务体系也不断完备，已形成了“吃、住、行、游、购、娱”全方位的服务系统（表2）。

## 2. 浙江海洋旅游业的优势条件

### 2.1 丰富的海洋旅游资源

浙江拥有大陆海岸线和海岛海岸线6500千米，占全国海岸线总长的20.3%；沿海岛屿众多，平均高潮位大于500平方米的海岛3061个，占全国岛屿总数的40%[1]。省内滨海和海岛旅游资源丰富（表3），沿海7大城市拥有2700个优良级单体，占全省的68.9%，其中五级单体168个，占全省旅游单体比重超过2/3，且相对集中在杭州湾北岸、宁波东南沿海、舟山群岛、温台沿海一带，旅游资源空间分布总体上呈现出大分散、小集中的特点。

### 2.2 快捷的海洋旅游交通

浙江海洋旅游区内有沪杭甬、甬台温、金丽温高速公路和沪杭甬、金温铁路贯通，还有宁波、舟山、温州、路桥机场，宁波至舟山、舟山至上海、温州至洞头和南麂等快速海运航线也已开通，杭州湾跨海大桥、舟山跨海大桥和洞头连岛工程都已建成，海洋旅游的可进入性和大陆与海岛间的交通得到了很大改善，海、陆、空交通立体结构的形成，使得浙江海洋旅游交通网络体系更为完善，旅游出行方式更为多样化。

### 2.3 优越的区位条件

浙江海洋旅游区位于我国南北海岸线中部，是我国“T”字形经济带的核心区，具有得天独厚的海洋区位优势和外部条件。它北起和上海接壤的嵊泗列岛，南至与台湾相望的南麂列岛，东临东海、太平洋，是我国对外开放的主要海上门户和中外船舶南来北往的必经之地。一方面，区域内城乡居民收入高、生活富裕，旅游需求旺盛，海洋旅游项目又对区域内居民形成很大吸引，构成了巨大的本省客源市场。另一方面，背靠中国最富沃、最具经济活力、旅游客源市场容量最庞大的长江三角洲地区，随着长三角经济一体化进程的推进，苏浙沪三地经济、社会发展将相互交融，长三角巨大的客源市场将为浙江海洋旅游提供更加强劲的需求支撑。

### 2.4 充满活力的省域经济

2012年浙江省生产总值34606亿元，按可比价格计算，比上年增长8.0%；全省人均生产总值超过63266元，比上年增长7.7%，全省三次产业结构为4.8：50.0：45.2，这些主要统

**表2　2011年浙江省沿海城市星级旅游饭店及旅行社分布**

| 沿海城市 | 星级饭店（家） | 旅行社（家） | 国际社（家） |
|---|---|---|---|
| 杭州 | 230 | 563 | 46 |
| 宁波 | 190 | 263 | 46 |
| 温州 | 100 | 195 | 4 |
| 嘉兴 | 57 | 108 | 4 |
| 绍兴 | 93 | 118 | 2 |
| 舟山 | 58 | 118 | 1 |
| 台州 | 54 | 136 | 5 |

**注:数据来源2011年浙江旅游业发展报告。**

**表3　浙江省沿海县（市、区）旅游资源类型统计表**

| | 地文景观 | 水域风光 | 生物景观 | 天象气候 | 遗址遗迹 | 建筑设施 | 旅游商品 | 人文活动 |
|---|---|---|---|---|---|---|---|---|
| 优良级单体 | 1600 | 513 | 372 | 38 | 339 | 3943 | 312 | 393 |
| 五级单体 | 334 | 120 | 47 | 9 | 51 | 749 | 87 | 131 |
| | 20 | 6 | 1 | 1 | 8 | 36 | 8 | 10 |

**注:表3根据2003年旅游资源普查成果汇总而成。**

计指标表明，浙江已经率先进入工业化中后期的发展阶段。充满活力的省域经济是浙江海洋旅游业发展的重要保障和促进因素，强大的民营经济和灵活的运作机制使浙江成为旅游投资的热土。宋城、开元、横店、广厦等省内主要民营企业集团早已进入旅游领域，由特色产品空间集群发展形成的区块经济已经成为浙江经济的一大特色，沿海港口工业、海洋渔业、盐业、海洋油气开采业及其设施和景观又都成为海洋旅游发展的重要依托。

## 3. 浙江海洋旅游业的制约因素

### 3.1 受自然因素制约大，重量级和垄断性资源缺乏

由于江河入海，浙江沿海海水含沙量过高，水体浑浊，无法满足人们对海洋旅游"3S"的心理追求。沿海县市中，缺乏重量级、垄断性海洋旅游资源，在项目开发上又趋同和重复，造成了资源的浪费，制约了全省海洋旅游发展。浙江地处于亚热带，属亚热带季风性气候类型，冬夏冷暖变化大，海洋旅游淡旺季明显，造成旅游设施或超负荷运转或闲置不均，影响旅游企业经济效益。台风、大雾等自然灾害性气候还直接威胁到旅游的安全和旅游业正常发展。

### 3.2 海洋旅游产品类同化，缺少创新性和延伸性

旅游产品是吸引游客的关键因素。从产品类型上看，浙江海洋旅游产品除传统观光产品外，已有了初级休闲度假产品、宗教旅游产品、海洋节事产品，但总体上看，依然缺乏创新性和延伸性产品；同时，强劲带动性的精品开发极少，产品附加值低。从产品特色上看，目前浙江海洋旅游产品从项目论证到服务方式，趋同化现象十分严重，造成了游客分流和资源闲置。旅游产品开发的一项重要原则就是突出特色，没有特色就没有旅游产品的吸引力和生命力。浙江省海洋旅游资源虽然丰富，但沿海旅游目的地文化导向和文化主题定位不明确，忽视质朴、浪漫、亲和文化环境的营造，海洋文化外化过程中个性特征的缺乏，使海洋旅游产品停留在模仿、移植层面，产品体系难以满足多元化市场需求，更难适应国际海洋旅游潮流变化，实现较高的经济效益。

图1 浙江温州苍南渔寮海滨　　吴必虎/摄

### 3.3 高端项目及新型旅游业态发展滞后

高端旅游项目可以从两方面来理解：一是消费水平较高，也即高档次旅游产品，如豪华观光游、商务旅游、滨海高尔夫、海钓、游艇、邮轮等；二是以体验为核心的个性化要求较高的旅游产品，如探险猎奇、休闲度假、登山等。目前，浙江海洋旅游开发仍停留在传统的"3S"资源层面，项目特色不鲜明，资源价值未能充分体现，产品低端化，现代科学技术支撑的特种旅游项目和海洋度假等高端项目开发严重滞后，新型旅游业态发展缺乏引导，游艇、油轮、海钓、滨海高尔夫等项目缺乏相关政策和法规支持。再加上人们为了最大限度地利用海洋空间和资源，采取围海养殖、填海造陆等方式扩大海岛，不仅了破坏海岛生态系统，也影响了海洋旅游的环境。

### 3.4 海陆交通集散和岛际交通连接成为发展瓶颈

交通问题一直是限制浙江海洋旅游区发展的瓶颈。近年来，随着一系列高速公路和连岛大桥的竣工，浙江海洋旅游交通取得较大进展，但仍不能完全满足旅游业蓬勃发展的

需要，海陆交通集散和岛际交通连接是进一步提升发展的瓶颈。首先，岛际连接交通条件差，无法构成以某个海岛为中心的区域性旅游网络。虽然一些岛屿与大陆交通已连接成网，但岛屿之间的交通连接依然落后，运力不足、航速缓慢、交通工具的美观性、舒适性和安全性差，不能满足旅游交通要求。其次，海陆交通集散功能亟须提高。随着各连岛工程的建成，海岛成为自驾车游客的旅游目的地，但城市原有空间布局的局限，使得岛城旅游交通集散能力不足，旅游车辆进出、游客换乘机制不健全，影响了海洋旅游目的地形象和品牌的提升。

### 3.5缺乏国际视野和高层次的产业战略定位

首先，缺乏国际一流产品和景区。浙江省海洋旅游产业发展主要依赖于浙江省丰富的海洋旅游资源条件，然而，资源数量虽多，门类虽齐，但却缺乏稀缺性、垄断型资源。因此，浙江要建成国际一流的海洋旅游区和海洋旅游产品尚待时日。其次，海洋旅游产业定位过低，缺乏将海洋旅游作为区域主导产业做强做大的战略定位，旅游乘数效应不够显著，小旅游未及时转入大旅游。

## 4. 浙江海洋旅游业提升发展对策

### 4.1 总体思路

认真贯彻《国务院关于加快发展旅游业的意见》，根据旅游市场发展趋势和浙江海洋旅游产业的特殊条件，挖掘浙江海洋旅游资源中与众不同的特色，整合产业要素、优化产业结构、拓展市场空间，加快推进产业规模的持续扩张和产业效益的提升，以打造东方著名的海洋旅游目的地为建设目标，通过“东海国际旅

图2 2013年全国沙足比赛　　图片来源：畅游舟山网 郑宝森/摄

图3 舟山第十五届国际沙雕节　　图片来源：畅游舟山网 郑宝森/摄

游群岛”核心旅游区建设、国家海洋旅游改革综合试验区的先行先试经验积累，提高旅游产业国际竞争力，带动区域海洋旅游经济的发展，使海洋旅游业成为旅游经济强省和海洋经济强省的重要支柱。

## 4.2 发展战略

### 4.2.1 转型升级战略

转型升级战略是运用协调机制和创新机制，通过产业结构优化，实现区域各产业部门及其内部各行业之间的产业结构合理化和产业结构高度化，转变目前浙江省目前粗放式数量扩张的发展模式，促进吃、住、行、游、购、娱诸要素相互均衡、协调发展，同时提高旅游产业内部各要素水准。根据浙江省旅游局2012年浙江省国内旅游者花费情况调查数据显示，浙江旅游业“吃、住、行、游”四项支出约占总数的65.2%，“购、娱”花费比重低，只有25.8%，总体消费水平及“吃住行”、“游购娱”比重都低于发达国家。转型升级战略的实施，能够加快旅游业发展方式的转变，推进产业规模的持续扩张和产业效益的提升，使浙江海洋旅游产业成为旅游经济强省和海洋经济强省建设的重要支柱。

### 4.2.2 精品名牌战略

精品名牌战略是一项系统工程，是对海洋旅游资源的整合与统筹。该战略以浙江滨海、岛屿及海域旅游资源品位、特色、区位优势、基础设施条件和市场发育状况等为研究基础，通过科学论证分析，提出未来海洋旅游精品名牌发展的方向、目标、规模和速度，构建海洋旅游精品名牌发展的战略框架体系。目前，浙江海洋旅游发展要以特色产品为依托，以旅游品牌为突破，集中精力打好“精品”、“名品”牌[2]。精品名牌战略实施过程中，“品质”优先于“数量”，要从产品、服务、管理角度努力打造浙江旅游精品系列，塑造系列旅游品牌。

### 4.2.3 区域一体化战略

区域一体化战略即通过区域整体旅游交通、区域整体旅游形象、区域整体旅游宣传与促销等相关对策研究，使各具特色的不同地区，突破不合理的体制障碍，进行区域协作和联合，最大限度地发挥地缘和资源互补的现实优势。具体来说，

图4 浙江省平阳县南麂列岛客船 图片来源：南麂列岛国家海洋自然保护区管理局 黄喜旦/摄

浙江海洋旅游业应打破行政区划，以旅游交通线为廊道，旅游区(点)为节点，重新构建旅游资源区域体系。浙江海洋旅游的空间布局以沿海七大中心城市为核心，突出区域特色，注意错位发展，形成宁舟、温台、跨杭州湾三大海洋旅游区块，逐步实现“一轴三群三带一核心”协调发展的新格局，变空间掠夺性竞争模式为合作模式，使浙江海洋区成为我国海洋文化和休闲旅游高端旅游目的地。

### 4.2.4 创新发展战略

旅游业发展的市场动力主要来自旅游者趋同和求新求异两种心理追求。在海洋旅游范畴内，“3S”资源是共同性的基础特征，差异性主要体现在文化、技术、管理、服务等方面。浙江垄断性海洋旅游资源的缺乏使得创新尤为重要。一方面，挖掘海滩文化、海岛文化、渔家文化内涵，追求个性化、趣味性和有益健康的差异化旅游消费，可通过开发生态旅游、荒岛及海底探险、海洋休闲体育、海洋垂钓等产品，满足多样性的旅游需求，提升游客的体验界面。另一方面，着力开发具有资源支撑的专项和与国际市场接轨的高端产品，开拓国际旅游市场空间，尤其在有条件的甬舟海洋旅游区，更应将有特色、多样化、上档次的旅游产品开发放在首位，注意标志性品牌的打造，建设国际邮轮目的地，引领海洋旅游发展潮流。

### 4.2.5 国际化战略

国际化战略浙江海洋旅游业提升发展的方向。首先，国际化战略要求旅游景区开发、旅游接待酒店、新型旅游产品开发上与国际接轨，建设一批具有国际竞争力的优势旅游产品和完善的国际化旅游服务设施体系。可以通过引进国内外著名集团开发旅游项目，引进国内外著名旅行社、国际著名酒店管理集团提升旅游服务水平。其二，国际化战略要求在服务水平、服务标准、旅游企业管理等方面充分借鉴世界著名海岛旅游目的地的成功经验与做法，提高旅游服务的开放度、自由度。其三，国际化战略要求实现旅游产业国际化，旅游开发、经营、管理、服务国际化。

## 4.3 浙江海洋旅游业提升发展对策

### 4.3.1 以“国家海洋旅游改革综合试验区”建设为产业改革先行示范区

浙江海洋旅游业与夏威夷、巴厘岛、普吉岛等世界其他著名的旅游岛屿相比，存在着国际知名度不高、规划水平较低、旅游精品不多、产业规模偏小、旅游服务不配套等突出问题；与海南国际旅游岛相比，其发展步伐滞后，许多新型业态露出端倪，但却未能快速成长，尤其是国际性和开放度、特种旅游产品开发的相关政策、新业态的管理等问题亟须解决，需要寻找一块试验田。舟山群岛是浙江海洋旅游的核心区，也是最合适海洋旅游改革的试验区。舟山群岛具有丰富的海洋旅游资源赋存、优良的海洋经济区位、良好的海洋旅游产业基础，舟山市是中国唯一由群岛设立的地级市，空间上的相对独立、便于封闭管理的海岛环境，都有利于实行先行先试的开放政策。

国家海洋旅游改革综合试验区建设是以先行先试的改革创新理念，围绕海洋旅游经济强省目标，秉承“开放、合作、创新、提升”精神，对旅游管理体制与旅游目的地创新、旅游市场开放度和自由度、新业态支持配套政策、管理机制、旅游产品转型升级、政府角色和行为等方面进行创新性尝试；试验区还通过实施人员自由进出、货物自由通关、货币自由兑换、免税品自由购买、旅游项目自由落户、国际旅游规则自由对接，并提供简便的入境手续、完善的国际语言通行环境和标识系统、医疗安全保障体系、良好的国际旅游环境，来推进旅游体制、旅游市场、旅游产品、旅游服务、旅游环境、旅游培训“六大国际化”，使试验区成为长三角地区的世界级海洋旅游目的地中的一处海上门户，实现率先发展、融合发展、创新发展、可持续发展，从而进一步完善旅游产业体系，提升旅游产业素质，发挥旅游产业功能，转变旅游发展方式，促进旅游产业转型升级。

### 4.3.2 以“东海国际旅游群岛”建设打造海洋旅游核心目的地

舟山群岛有着发展海洋旅游的条件优势：首先，地处北纬30度的地理区位优势。这一区域是海洋旅游资源丰富、气候温暖的亚热带海洋旅游区，是适宜人类休闲度假的区域；其次，我国最大群岛的资源优势。舟山群岛由1390个岛屿组成，约相当于我国海岛总数的20%，独特的群岛型海洋旅游资源、深厚的海洋文化底蕴，并由此而构成的丰富产品体系，可满足不断变化的多元化的旅游市场需求；其三，强劲的产业发展势头。舟山海洋旅游已初步形成了旅游“六要素”完整的产业体系和观光、休闲产品体系，随着舟山连接大陆交通的不断改善，舟山海洋旅游将更加紧密地融入长三角旅游市场的大循环中，相对于地理位置偏南的海南岛来说，将对长三角和北方地区形成强烈的旅游吸引。进入21世纪以来，我国海岛旅游热潮逐渐形成，尤其是世界海岛旅游热点有向亚太地区扩展趋势[3]，舟山群岛海洋旅游的地位和重要性越来越得到重视。

建设“东海国际旅游群岛”的战略发展定位，实际上就是要将舟山群岛作为整体性海洋旅游核心目的地进行打造，突出群岛这一更大地理尺度的旅游目的地特征，挖掘舟山

**图5 浙江温州洞头县洞头连岛工程风景道** 吴必虎/摄

群岛海洋旅游资源中与众不同的特色，以推进海洋旅游产业转型升级为切入点，以国家海洋旅游改革综合试验区为手段，借鉴国内外海洋旅游发达地区的成功经验，全面带动舟山群岛海洋旅游产品创新、业态创新、管理机制创新，提高旅游业的国际竞争力，使舟山成为群岛型国际休闲度假地，实现核心区带动全省海洋旅游经济的提升发展目的。

### 4.3.3 以“海洋休闲旅游黄金海岸带”打造实现区域合作创新

区域合作创新实质就是区域一体化、区域协同发展。浙江沿海城市有杭州、宁波、温州、台州、舟山等，这些城市是海洋旅游产业集聚的核心点，应以各自的优势和特色为纽带，统筹海域、陆海联动、以陆引海、以海促陆，整合资源，开发市场，形成区域一体化发展模式。在这些旅游区中，尤其要集中力量培育和打造具有鲜明区域特色的产业集群，造成对周边城市的辐射，形成板块状海洋旅游经济区，构建“一轴三群三带一核心”协调发展的区域旅游新格局[4]，打造“海洋休闲旅游黄金海岸带”。

“一轴”是指沿沪杭高速公路、杭甬高速公路、甬台温高速公路三条交通干线为发展主轴线,以杭州湾大通道、舟山连岛工程和温州洞头半岛工程三个陆海通道为纽带，依靠轴线上的城市、产业区、交通节点、旅游风景名胜区的整体优化和协同发展,构筑浙江省海洋旅游产业发展的主动脉。“三群”分别以杭州-嘉兴为中心，构成的以休闲度假和会议商务为主要功能的杭州湾海洋旅游区；以宁波-舟山为中心，构成海洋海岛观光和休闲度假为一体的旅游区；以温州-台州为中心，构成以及以瓯越风情、海韵渔情、现代商情为特色的休闲度假和商务会展旅游区。“三带”即以沿海城市产业区为依托所形成的滨海旅游带；以舟山市群岛为

**图6 浙江省平阳县南麂列岛三盘尾百景亭** **图片来源：南麂列岛国家海洋自然保护区管理局 黄喜旦/摄**

重点，以玉环、洞头为支撑的而形成的海岛观光、休闲度假旅游带；以内陆腹地旅游资源为凭借，利用旅游区辐射功能，联动陆上观光、农业、生态及文化旅游，形成以内陆小城镇为中心的生态旅游产业带。“一核”是指利用舟山群岛独特的海洋生态和海洋文化优势，以普陀“金三角”为支点，带动嵊泗、桃花岛风景名胜区的开发，打造海上花园，使舟山群岛成为浙江省海洋旅游的核心区，长江三角洲区域最有影响的海洋旅游区和国际著名的海洋旅游目的地。

### 4.3.4 以新型、高端、特色产品链建设实现海洋旅游产品创新

浙江海洋旅游仍以观光产品为主，小型、同质、低档的产品多，上规模、上档次产品少，高端海洋旅游产品稀缺，与日趋兴盛的个性化、多层次的海洋休闲度假需求极不相匹配。因此，要针对不同层次的旅游需求，开发出包括游艇俱乐部、邮轮、度假岛、海洋主题公园、海钓和海洋休闲体育旅游、海洋科普旅游等多元化、系列化、边沿化、深度化的海洋旅游新产品，形成特色产品链[5]，并带动餐饮、宾馆、旅行社、旅游商品、交通等相关行业发展，形成现代综合海洋旅游经济，促进海洋旅游业向更高水平发展。产品开发过程中要注意做到：(1)开发具有吸引力的旅游项目，使旅游经历体验化、主题化、个性化。(2)保持海洋旅游资源的原始风貌和原汁原味的地域文化，避免自然资源的过分修饰和地域文化的过度商业化和城市化的开发。(3)注意深层次挖掘具有海洋文化特色的旅游产品，树立鲜明的海洋旅游形象,以满足旅游市场不断提高的需求。(4)拓宽开发海洋旅游产品的途径，可考虑与一些国外大公司合作，共同开辟一些海上旅游航线，以满足日益增长的旅游者的需求。

### 4.3.5 以海洋休闲度假旅游区建设实现海洋旅游业态创新

旅游业态是对旅游行业的组织形式、经营方式、经营特色和经济效益的一种综合描述，它是一个动态性的概念。旅游新业态是指相对于旅游主体产业有新发现、新突破、新发展，或者是超越我国目前单一的传统观光模式，具有可持续成长性，并能达到一定规模，形成比较稳定发展态势的业态模式。创新业态是促进旅游产业升级换代的重要手段。浙江海洋旅游业整体上处于调整阶段，客观上要求打破了传统的资源导向型界限，以旅游者不断变化着的需求为中心进行资源配置、产品开发、行业管理、企业组织和旅游相关配套，并与其他行业广泛融合，相互渗透，创新旅游业态。新型的游艇产业、休闲海钓业、分时度假、海洋运动休闲等都是一种多元化、复合型的旅游新业态；在海洋旅游目的地建设中，旅游目的地产业化和产业目的地化，更是一种新的旅游业态[5]，这些新业态的出现，改变了海洋旅游产业传统形态，促使浙江海洋旅游区建设从观光景区走向休闲度假旅游区建设，从而实现区域海洋旅游的提升发展。当然，在目的地建设过程中，培育或引进国际知名酒店连锁管理集团、国际旅游代理商和旅游资讯集成商，也是促进新业态的产生的一种有力手段。

**【基金项目】**浙江海洋旅游业提升发展研究（10HZCS11YB）。

**参考文献**

[1] 中国海洋年览编纂委员会 .2007 中国海洋年鉴 [J]. 北京：海洋出版社：248-256.

[2] 周国忠 . 海洋旅游产品调整与优化研究——以浙江省为例 [J]. 经济地理 ,2006,(9)：876-878.

[3] 曲凌雁 . 世界滨海海岛地区旅游开发经验借鉴 [J]. 世界地理研究 ,2005,(3)：80-85.

[4] 马丽卿 . 基于区位重构的浙江海洋旅游产业发展策略 [J]. 商业经济与管理 ,2006,(4)： 71-76.

[5] 马丽卿 . 产业转型期的长三角区域海洋旅游特色产品链构建 [J]. 人文地理 ,2009,(2)：125-128.

# 高端海洋旅游的产品创新与实践

# Innovation and Practices of High-end Marine Tourism Products

文 / 王 娟　刘金宏　吴宁宁

**【摘 要】**

高端海洋旅游是海洋旅游中具有高品位、高附加值和高收益的产品类型。本文通过对国外五大类高端海洋旅游产品的发展进程和市场状况进行梳理总结，在对我国高端海洋产品的发展程度和空间分布进行分析的基础上，提出我国高端海洋旅游产品创新的实践路径，用以指导我国高端海洋旅游开发与管理。

**【关键词】**

高端海洋旅游；产品创新；实践路径

**【作者简介】**

王　娟　中国海洋大学管理学院旅游系讲师

刘金红　中国海洋大学管理学院硕士研究生

吴宁宁　中国海洋大学管理学院硕士研究生

## 1. 引言

海洋旅游产品依据距离陆域的远近分为滨海旅游、近海旅游和远洋旅游，其中以传统的3S旅游资源为主导的滨海观光一直是我国海洋旅游产业发展的主体，改革开放以来我国滨海城市旅游产业的发展皆发轫于此。伴随旅游市场成熟和游客消费理性的产业发展趋势，海洋旅游产品体系亟须从短程游、观光游为主向度假游、体验游等多方位拓展，海洋旅游产品空间也亟须从海岸带拓展至中远程海域，以及从海面纵深拓展至海底和海空，高端海洋旅游产品的创新研究日趋重要。

高端旅游与目前的专项旅游、特种旅游、小众旅游的概念有一定交叉、重合，但尚没有确切统一的定义。国内诸多学者（魏小安，2005；喻学才、王健民，2006；杜海忆，2007；张辉，2008；蔡红，2009；郭永健，2011）尝试从产品特征、消费水平、活动组织和体验效用等视角进行界定，虽各有差异但对高端旅游的基本特征达成一致：高品质、个性化、效用高、时间长、花费高。高端海洋旅游产品是指以依托高品位海洋旅游资源而开发、设计、组织而成的系列海洋旅游项目的集合，以满足旅游者寻求区别于陆域惯常环境的海洋愉悦体验。

## 2. 国外高端海洋旅游的开发与管理

国外对高端海洋旅游研究的起步较早且注重理论与实践的结合，在产品开发、经营管理、生态保护和可持续发展方面积累了丰富的经验。本文拟对关联性强、产业发展基础成熟的滨海度假，追求海上旅行综合体验的邮轮旅游，集海上运动和娱乐休闲于一体的游艇、海钓旅游，以及新奇度高、亲近自然的观鲸旅游这五种在国外发展较为成功的且在中国具有市场前景的高端海洋旅游产品的开发管理情况进行介绍，用以指导我国高端海洋旅游产业的发

**图1 马尔代夫降落伞空中看天堂岛** 吴必虎/摄

展实践。

## 2.1 滨海度假

在国际范围内，滨海度假旅游主要集中于地中海沿岸、加勒比海沿岸和太平洋的部分区域，位于该区域的法国、西班牙、澳大利亚、泰国等国家和地区凭借丰富的滨海旅游资源、便利的交通区位、多样化的客源市场以及浓厚的地域文化特色等优势条件，滨海度假发展日趋成熟，且已成为地方经济收入的重要来源。在一些小型海岛经济体(Small Island Economies, SIEs)国家如百慕大、开曼群岛等，人均收入已分别超过美国和瑞典。在澳大利亚滨海度假胜地昆士兰州，旅游业已成为当地仅次于煤炭矿产的第二大出口产业，截至2013年6月，对昆士兰州直接和间接经济分别为84亿和92亿澳元，占本州国民生产总值(Gross State Product, GSP)的6.6%，直接从业人数占本州就业人口的5.4%。美国南部滨海旅游城市迈阿密拥有20余公里的海滩浴场、365个公园、400多家豪华酒店，加上健全密集的机场、邮轮港口班次，使其年接待世界游客达1500万人。

伴随滨海旅游的密集开发，滨海旅游与度假不仅存在产品创新与产业升级问题，随之而来的环境污染、生态破坏、过度城市化等问题也引起各国的滨海旅游部门和国际相关组织的重视。各国纷纷通过制定政策法令规制滨海旅游开发威胁、收取生态税以弥补生态环境损失、建立海洋自然保护区(Marine Protected Area, MPA)修复海洋生态系统、以“整合式海岸带管理”(Integrated Coastal Zone Management, ICZM)的模式作为连接地方发展与环境保护最佳实践的指引纲领等措施，促进滨海旅游、度假的可持续发展。

## 2.2 邮轮旅游

### 2.2.1 邮轮旅游市场

邮轮原是19世纪30年代用于海上客运和邮件运输业务的定线、定期的远洋客轮，至20世纪50年代，现代邮轮旅游产业在北美诞生，邮轮逐渐演变成以大型豪华游船为依托、以跨国旅游为核心的“漂浮在海上的旅游目的地”。

邮轮旅游市场潜力巨大，根据国际邮轮协会统计(Cruise Lines International Association，以下简称CLIA)，1990~2012年间国际邮轮旅游市场以年均7.6%的增长率持续增长，其发展速度远远高于世界旅游市场年均4%的增长速度，邮轮旅游人数从1975年的50万人增至2011年的1680万人，其中北美地区在全球邮轮市场中处于领先地位，1990至2000年比例一直高达90%以上，2001年以后随着全球其他地区邮轮旅游者人数的增多比例略有降低，到2011年北美客源比例降至69%，但人数绝对值仍呈持续上升趋势，主导优势明显（图2），其中美国客源占北美客源的92.6%，各州中又以佛罗里达、德克萨斯和加利福尼亚三州的邮轮出游者最多，占本国客源比例的40%。

在航线方面，全球邮轮航线和

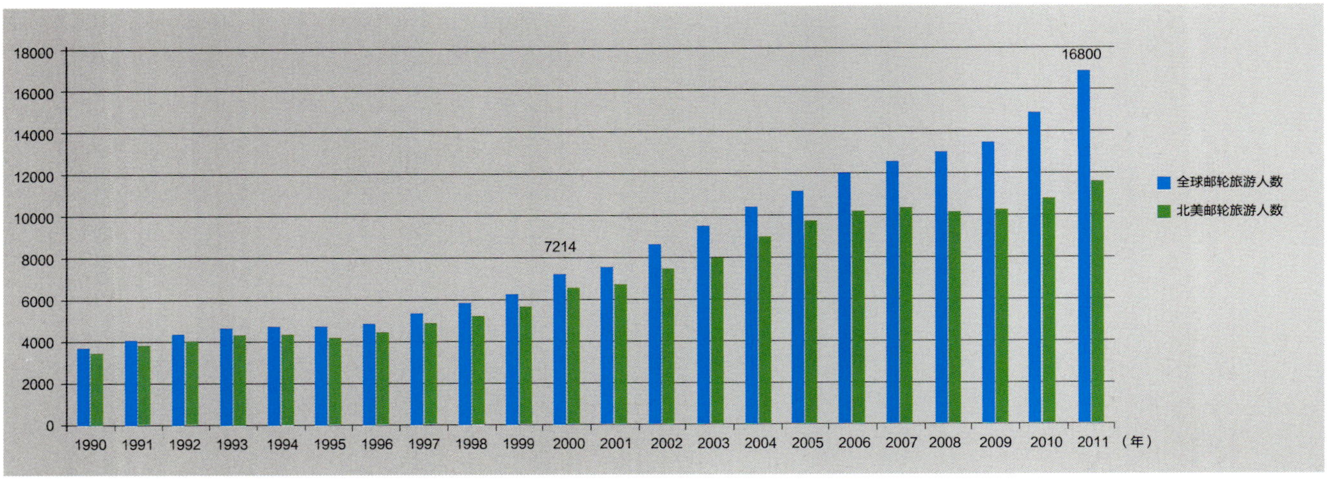


**图2 1990~2011年全球和北美邮轮旅游人数（单位：千人次）**

**资料来源：2011 CLIA Cruise Market Overview**

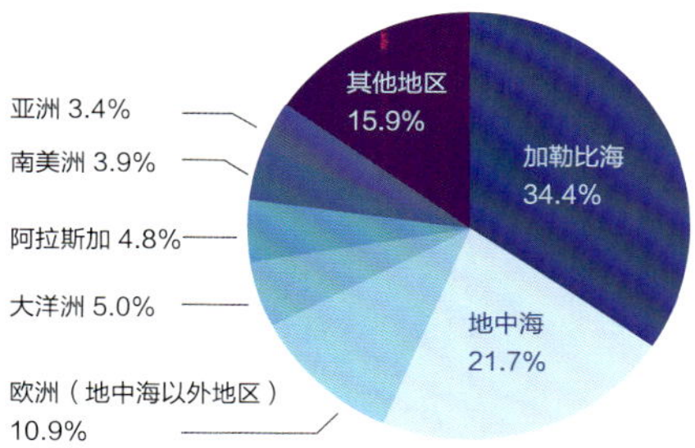


**图3 按照邮轮接待能力划分的“最受欢迎”全球邮轮旅游目的地**

**资料来源：CLIA，NORTH AMERICA CRUISE INDUSTRY UPDATE，2013年1月**

邮轮目的地主要集中于加勒比海、地中海、阿拉斯加、南太平洋等海域，加勒比海和地中海作为传统优势目的地，二者的市场接待能力占总份额的55%以上（图3）；在邮轮旅游者的人口学要素方面，2011年全球邮轮旅游者的平均年龄为47岁，中老年旅游者占多数；家庭收入为10万至20万美元收入的游客比例最高，占32%。

### 2.2.2 邮轮旅游公司

邮轮具有较高的造价和营运成本，进入和退出成本高，规模经济效应明显。2012年，全球主要邮轮公司有25家，其中嘉年华(Carnival Cruise Lines)、皇家加勒比(Royal Caribbean International)和丽星(Norwegian Cruise Line)三大邮轮公司主导全球85%以上邮轮旅游市场份额，航行区域遍布全球，具有绝对的市场优势。伴随邮轮旅游者人数的总量增长，邮轮公司不断推出旅游天数灵活的邮轮旅游产品以适应市场需求（表1），其中2~5天和6~8天的中短程线路在邮轮市场中比例最高，合计达到60%。

邮轮制造与供给数量的不断增加，是促使邮轮旅游从高端向大众化趋势发展的首要原因。据CLIA统计，在2011至2014年投入使用的21艘邮轮中，10万吨级以上的邮轮有13艘。欧洲借助领先的造船技术，集中于高附加值和高售价的邮轮制造，其中法国、意大利、德国、芬兰作为世界邮轮的主要生产国家，占目前全球邮轮订单的99%以上。

### 2.2.3 市场拓展模式

（1）与邮轮港口合作。邮轮公司通过与港口进行技术、运营管理经验的合作、交流，使其成为具有国际水准的停靠港乃至母港，形成双赢互利的合作关系。

（2）与岸上旅游部门合作。岸上观光是邮轮航线的重要组成部分，除与港口所在地及周边的景点景区合作形成深度合作关系外，还包括与航空公司、酒店等其他旅游相关部门的合作，推出形成特色空海游(Fly-Cruise Tour)等新型旅游产品以增强游客体验。

（3）以合资或并购模式进入新市场。由于合资和并购模式能够节省资金且能迅速打开当地市场、开发适销产品，因而备受大型邮轮公司青睐。如皇家加勒比邮轮与英国的旅游经营商优选假日(First Choice Holidays) 于2002年合作成立Island Cruises以开发英国市场，于2007年与德国途易(TUI)合作成立途易邮轮公司以服务德语市场。

（4）针对市场需求定制航线。邮轮公司需要通过多种营销手段培育新兴市场的消费习惯，同时则根据细分市场的差异化需求提供线路定制。2010年皇家加勒比邮轮公司以

**表1 邮轮线路天数与游客数量对比**

| 行程天数 | 1990年（千人） | 所占比例（%） | 2010年（千人） | 所占比例（%） | 增长率（%） |
|---|---|---|---|---|---|
| 2~5天 | 1434 | 38.0 | 4030 | 27.2 | 181.0 |
| 6~8天 | 1966 | 52.1 | 7895 | 53.2 | 301.6 |
| 9~17天 | 358 | 9.5 | 2662 | 18.0 | 643.6 |
| 18天以上 | 16 | 0.4 | 231 | 1.6 | 1343.8 |
| 总计 | 3774 | 100 | 14819 | 100 | 292.7 |

**资料来源：2011 CLIA Cruise Market Overview**

表2 2008年世界主要发达国家游艇数量（前十位）

| 国家 | 人口（万） | 游艇总数 | 每千人拥有游艇数 |
|---|---|---|---|
| 美国 | 38400 | 17912200 | 47 |
| 瑞典 | 901.1 | 753000 | 84 |
| 澳大利亚 | 1910 | 738948 | 39 |
| 芬兰 | 523.6 | 731000 | 140 |
| 法国 | 6200 | 725935 | 12 |
| 挪威 | 450 | 692000 | 154 |
| 英国 | 6140 | 463019 | 8 |
| 德国 | 8100 | 441539 | 5 |
| 新西兰 | 400 | 403000 | 101 |
| 意大利 | 5700 | 400000 | 7 |

资料来源：2009~2010中国游艇产业报告

天津、上海、香港为母港，首次在中国市场推出3晚和4晚的短途航线，以适应中国消费者的度假习惯和企业客户组织会议、奖励旅游的特点。

## 2.3 游艇旅游

### 2.3.1 游艇旅游格局与趋势

游艇旅游集航海、运动、休闲、娱乐、社交等多种功能于一体，是一种高等级的海上休闲度假方式，分为豪华游艇、钓鱼艇、休闲艇、运动艇等多种类型。现代游艇业始于20世纪50年代初期，到70年代世界游艇市场形成了以美国、西欧、北欧、亚太四大地区为主的格局。进入21世纪后，世界游艇市场高度集中，形成了以北美洲和欧洲为中心的两大游艇市场。目前，大型化、豪华型游艇成为世界游艇市场发展的重要趋势，游艇的设计更加致力于创造完美的外部造型和更宽敞、更奢华的室内空间，游艇的配套设施更加齐全完备，而中小型游艇仍是世界游艇市场的消费重点。

### 2.3.2 游艇旅游市场规模

据相关统计显示，2004年世界游艇市场整体规模就达到了215亿美元左右，2007年、2008年分别达到480亿美元和448亿美元。根据美国E-Composites公司的《世界游艇市场分析和预测》报告显示，2008

图6 马来西亚海滩快艇

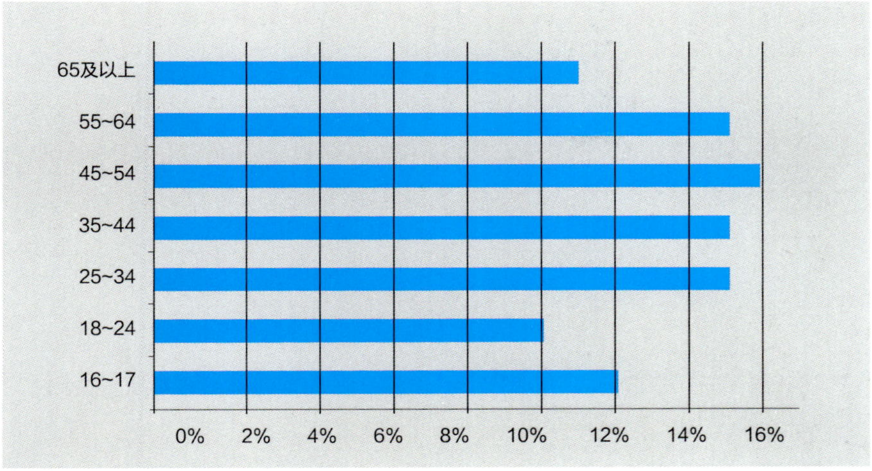

图4 2011年美国垂钓者的年龄分布

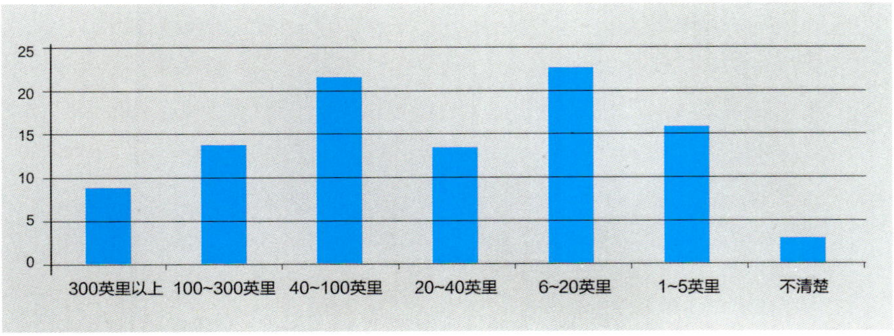

图5 美国海钓者的出海距离

年世界游艇市场中仅游艇销售额就有239亿美元左右，北美和欧洲的市场规模占世界游艇市场的90%以上，其中，北美的游艇销售市场规模在112亿美元左右，占世界游艇市场销售份额的 46.8%。

以世界上游艇业最发达的美国为例，美国拥有游艇大约1791万艘，平均每千人拥有47艘游艇，是世界上拥有游艇最多的国家（表2）。全世界主要游艇建造国家拥有游艇建造厂商3700多家，美国约有1500多家，此外，还有1000多家从事游艇销售、主机和零部件供应的厂商。据美国船舶制造商协会(National Marine Manufacturers Association, NMMA)的统计资料显示，游艇业对美国经济的贡献突出，2008年虽然受到金融危机的影响，但游艇业通过销售和服务创造了336亿美元的

Katie Lee/摄

表3 美国纽约州的垂钓执照类型、费用与时效

| 执照类型 | 本地居民执照费（美元） | 非本地居民执照费（美元） |
|---|---|---|
| 年度垂钓 | 29 | 70 |
| 7天垂钓 | 15 | 35 |
| 1天垂钓 | 5 | 15 |
| 渔猎专用（包括竞技渔猎、弓猎、前装枪渔猎、火鸡狩猎，1年时效） | 88 | 280 |

资料来源：Department of environmental conservation, New York State. http://www.dec.ny.gov/

商机。2012年游艇销售和相关服务的销售额达到356亿美元，比2011年增长了10%。2012年参与游艇活动的人达到8800万人次，比2011年增长了6%。在国际游艇知名品牌中，美国拥有拜泰姆(Bertram)、拉尔森(Larson)、希瑞(Searay)、拉扎拉(Lazzara)等国际知名品牌。

## 2.4 海钓休闲

海钓起源于100多年前的欧洲，除了具有高雅、刺激特征外，专业的海钓活动所需的花费较高，常与高尔夫、马球和网球并称为四大贵族运动。海钓休闲的花费由旅行费（食宿交通、船艇泊位费等）、钓具装备购买（杆、线、饵料等）、垂钓辅助装备购买（帐篷、望远镜、专业服装等）、垂钓专用装备（船艇等垂钓交通工具）和其他零杂花费（专业杂志书籍、垂钓执照、场地租用费等）组成，费用从数千至数万美元不等，以中高收入群体为主要目标市场。

### 2.4.1 海钓产业的发展

休闲垂钓在美国、加拿大、芬兰、挪威等欧美发达国家已有上百年的发展历史，是西方国家广受欢迎的休闲方式之一，按照依据目的、场所和使用工具不同，可以划分为不同类型。不同于商业渔业(commercial fishing)的获利本质，海钓(sea fishing/marine angling)是以咸水水域①垂钓(saltwater fishing)为依托、以船艇出海为运载方式，集钓鱼、竞技、娱乐和观光休闲于一体的垂钓模式，属于休闲渔业(recreational

图7 佛罗里达罗德多尔堡水城　　陈耀/摄

①咸水水域包括海洋及咸水河湖

图8 拖曳伞　图片提供：三亚大东海旅游风景区

fishing)范畴，也被称为游钓(game fishing/sport fishing)。

根据2011年国际钓鱼运动协会(International Game Fish Association，以下简称IGFA)的年度报告显示，IGFA在全球90个国家设有近300个办事处用以国际海钓事务联络和组织，国际会员数以北美为主体，占总会员数的75%。在IGFA规则和监督下举办的夏威夷国际海钓大赛(Hawaiian International Billfish Tournament, HIBT)从1959年开始创办，是世界范围内最具影响力的海钓赛事，举办地夏威夷可那(Kona)也因此成为世界海钓圣地和国际高端休闲旅游目的地。

在垂钓业最为发达的美国，垂钓具有受众广泛、参与人数众多的特征，年龄分布较为均衡（图4）。根据美国渔业与野生动物服务组织(U.S. Fish and Wildlife Service )和美国统计调查局(U.S. Census Bureau)开展的联合调查显示，2011年垂钓参与者为3310万人，比2006年增长11%，其中男性人数2420万，占73%。相比于商业捕鱼，2011年休闲渔业在捕获鱼类的销售额、收入、经济增加值等指标方面，分别是前者的2.7倍、2.1倍和2.5倍，创造的工作岗位数比前者多7.4万个。2011年美国垂钓者总花费418亿美元，垂钓人数和花费分别占到野生动物类娱乐(wildlife-related recreation )的人数和消费的37%和29%。美国沿海各州的垂钓活动已经为地方旅游经济发展带来巨大收益（表3），佛罗里达多年来一直是游客垂钓的最佳目的地，2011年垂钓旅游者人数119.7万人，垂钓旅游者花费8.98亿美元，全美排名第一。

据2011年度美国钓鱼协会(American Sportfishing Association，以下简称ASA)的统计数据显示，美国海钓总人数890万人，总花费134亿美元，占垂钓业总花费的28%，海钓经济乘数效应收益323亿美元，提供工作岗位24.3万个，创造GDP174.5亿美元，税收42.4亿美元，海钓产业在美国已形成庞大而健全的产业体系。

在海钓偏好方面，2011年ASA开展的大规模抽样调查显示，在海钓交通工具选择方面，美国72%的海钓者选择专用的海钓船/艇出海垂钓，海钓业发展与前文所述的游艇产业的发展密切相关；在咸水水域的垂钓地点选择方面，约73%的海钓者选择“海洋”和“潮汐海湾”，中远程海钓者居多数；通过在出海垂钓距离方面的统计也印证了这一点，距岸40英里以上的占45%（图5），平均出海距离为35英里；40%~53%的海钓者倾向于在固定地点多次开展垂钓活动，地点选择较为稳定。此外，在可供海钓的地点信息来源方面，朋友介绍、口碑宣传和互联网作用最大，分别占50%和26%，显示出海钓爱好者具有明显的群体特征。

### 2.4.2 海钓产业的管理

出于生态保护、渔业资源可持续利用和渔猎管理等目的，美国、澳大利亚等垂钓业发达国家皆实行休闲渔业许可制度。以美国纽约州为例，任何年满16岁以上的本地或外地在纽约州水域的垂钓者，必须持有垂钓执照(Fishing License)，按年

图9 平台海钓　图片提供：三亚亚龙湾海底世界

度或天数分为不同费用类型(表3)，其他各州均有类似收费标准。

在澳大利亚，垂钓者同样需购买休闲渔业执照(Recreational Fishing License，以下简称RFL)以在相应水域开展垂钓活动。以澳大利亚新南威尔士为例，RFL时效从3天至3年不等，对应费用标准为6至75澳元，并成立休闲渔业信托(Recreational Fishing Trust)管理牌照费用用于渔业修护，信托基金由法律及两位来自咸水垂钓和淡水垂钓的委员监督。在澳大利亚维多利亚州，自2001年起信托基金将RFL收费用于休闲渔业修护资助项目(Recreational Fishing Grants Program，RFGP)，迄今已资助维多利亚周内496项、共计2千余万澳元的大、中、小不同规模的渔业保护项目。因此可见，国外的休闲渔业、垂钓执照制度是实现负责任捕鱼、休闲渔业反哺自然以及实施休闲渔业管理的有效措施。

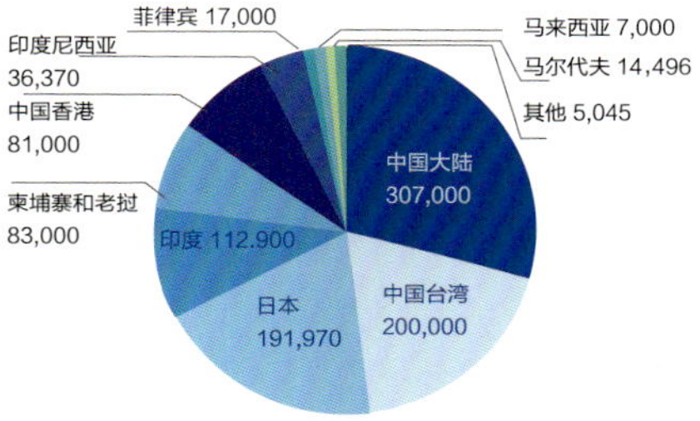


图10 2008年亚洲国家和地区观鲸旅游人数

图11 潜水 图片提供：三亚亚龙湾海底世界

图12 印尼民丹岛海和泳池相连 李涛/摄

## 2.5 观鲸旅游

观鲸旅游是一种非消耗性(non-consumptive)、自然取向型(nature-based)的旅游形式，是人类亲近自然、尊重动物权益的重要表现。根据国际爱护动物基金会(International Fund for Animal Welfare，以下简称IFAW)和国际捕鲸委员会(International Whaling Commission，以下简称IWC)的统计，观鲸旅游的对象主要以齿类鲸目动物(toothed cetacean)和鳍足类动物(pinnipeds)为主，还包括鲸鲨等性格温顺的大型海洋动物。观鲸旅游业的发展适应了当前野生动物旅游从捕猎到观赏(from catch to watch)、从室内到户外(from indoor to outdoor)的发展趋势。

### 2.5.1 观鲸旅游产业

当世界各国对商业捕鲸持不同意见的时候，开展观鲸旅游的国家和地区、观鲸旅游者的人数和旅游收入迅速增长，截至2008年，世界范围内有1300万人在119个国家和地区参与了观鲸旅游项目，旅游收入超过21亿美元、直接就业人数13000人，2009年上述数据分别达到25亿美元和19000人，已成为海洋旅游产品中极具发展潜力的重要组成部分。

### 2.5.2 观鲸旅游客源地与目的地

在观鲸客源地方面，美国、澳大利亚等国是传统的观鲸旅游大国，两国占世界观鲸旅游总人数的50%。此外，亚洲国家和地区成为世界范围内观鲸旅游者的重要新兴目的地，观鲸旅游者人数从1998年的22万人增至100余万人，增长近5倍。其中增速最快的国家和地区为中国大陆、中国台湾地区、印度尼西亚、日本、柬埔寨和老挝(图10)，中国已经成为亚洲地区最大的观鲸旅游客源国。

开展观鲸旅游的目的地在很大

程度上受可观赏鲸类分布的影响。在世界范围内，须鲸主要分布与南大洋、北大西洋和北太平洋西部，长须鲸主要分布于北大西洋，座头鲸主要分布于南大洋和北大西洋，布氏鲸主要分布于北太平洋西部，北极露脊鲸主要分布于白令-楚克奇-博福尔海域，蓝鲸主要分布于南大洋。美国、加拿大、澳大利亚、新西兰既是客源地也是目的地，新兴观鲸旅游目的地如菲律宾、墨西哥等国，还包括以观鲸等旅游产业为支柱的岛国如汤加、多米尼亚、塞舌尔等观鲸旅游增速较快。在商业捕鲸大国日本、挪威和冰岛等国家，鲸类资源丰富，开展观鲸旅游是弥补禁止商业捕鲸所带来经济损失的最佳途径。

#### 2.5.3 观鲸旅游管理

观鲸（豚）旅游人数的急速增长不可避免地给该产业的管理带来系列问题，如人鲸互动带来的风险、观鲸游船给鲸目动物生活习性的影响以及缺乏海洋动物旅游开发的纲领、规章以及执行力不高等问题。

观鲸旅游的管理既包括国际统一管理，如由IWC实行成员国约束条例、由IFAW制定国际性的观鲸旅游行为准则等，也包括各国对观鲸旅游活动制定法律、法规以促进产业健康发展。在产业政策的侧重方面依据观鲸旅游的开展程度而有所差别，在观鲸旅游业开展较为成熟的国家和地区如澳大利亚、加拿大，已经制定了较为齐备地方性的观鲸旅游立法和行为准则，研究更多的侧重游客满意度提高和服务质量提升；在观鲸旅游业发展的新兴国家和地区，观鲸旅游管理主要侧总与观鲸产业相关的法律法规制定与执行、游船使用管理守则、生态教育等政策制定、规划管理等严重缺位。

**表4 2010年我国游艇俱乐部数量及分布**

| 省份 | 数量（家） |
|---|---|
| 广东 | 深圳4、珠海2、广州1、东莞1、汕头1、湛江1 |
| 福建 | 厦门2 |
| 浙江 | 杭州3、舟山1、平湖1、建德1、嘉兴1、宁波1 |
| 江苏 | 南京2、连云港1、苏州1、无锡1 |
| 上海 | 上海10 |
| 山东 | 青岛8、威海2、烟台1、日照1 |
| 辽宁 | 大连6 |
| 海南 | 海南2 |
| 总计 | 55 |

## 3. 我国高端海洋旅游产品的分布与开发现状

随着我国海洋经济发展方式转型步伐的加快以及海洋旅游业的迅速崛起，我国目前已在渤海湾旅游带、长江三角洲旅游带、珠江三角洲旅游带、海峡西岸旅游带和海南旅游区等区域初具高端旅游产业发展规模。

### 3.1 区域分布

#### 3.1.1 以国家级滨海旅游度假区为代表的滨海度假目的地

我国1.8万公里的陆地海岸线以及53个滨海城市，受益于改革开放政策扶持和天然的资源优势，我国沿海地区滨海旅游是各地旅游产业的主导产品。1992年国务院首次批准在全国建设12个国家级旅游度假区，其中大连金石滩国家旅游度假区、青岛石老人国家旅游度假区、福建湄洲岛国家旅游度假区、北海银滩国家旅游度假区以及三亚亚龙湾国家旅游度假区为海滨型旅游度假区。

此外，我国滨海度假旅游已形成以滨海度假区为代表的滨海旅游带，包括山东半岛、辽东半岛、环渤海湾地区在内的环渤海湾滨海旅游带，以上海、宁波、杭州、舟山为中心的长三角滨海旅游带，以福建省沿海地区为代表的海峡西岸滨海旅游带，以香港、澳门、广州、深圳、北海为中心的珠三角滨海旅游带以及以海南岛为主的海南滨海旅游带。

#### 3.1.2 以邮轮母港建设为代表的邮轮旅游目的地

随着越来越多的世界级邮轮在中国各大港口靠泊，各大国际邮轮公司的进驻以及我国居民对邮轮旅游认知度的不断提高，中国所在的亚太地区将成为全球邮轮经济新的增长极。目前，我国已有上海、宁波、天津、大连、青岛、广州、厦门、三亚、海口等18个城市接待国际邮轮停靠，其中，上海、厦门、天津和三亚4个国际邮轮母港投入使用。此外，我国沿海已初步形成依托于环渤海湾和长三角洲的东北亚邮轮港口群；依托于海峡西岸和台湾岛形成的海峡两岸邮轮港口群；依托珠江三角洲和环北部湾形成的东南亚邮轮港口群等三大邮轮港口群，为我国邮轮产业化发展提供了良好的基础条件。

### 3.1.3 以大型游艇俱乐部为代表的游艇旅游目的地

游艇俱乐部是发展游艇旅游最重要的载体，是提供游艇旅游服务的主体，也是游艇旅游最常见的经营方式。我国游艇俱乐部正式兴起于20世纪90年代末，经过多年的发展，我国正式注册营业的游艇俱乐部已发展到67家，还有一批游艇俱乐部正处在规划和建设之中。我国的游艇俱乐部主要分布在东部沿海地区，以珠江三角洲、长江三角洲和环渤海经济区最为集中，长江三角洲地区拥有游艇俱乐部数量最多，约占总数的42%。

我国游艇俱乐部的经营模式主要有：会所型游艇俱乐部、楼盘项目型游艇俱乐部、水上娱乐型游艇俱乐部、综合兼顾型游艇俱乐部、游艇爱好者俱乐部等。游艇俱乐部主要面对的是以商务游艇为主的中端市场和以休闲游艇为主的高端市场。

### 3.1.4 以三大区域为代表的海钓休闲区域

随着我国海洋捕捞业的产业结构调整以及休闲渔业的快速发展，休闲海钓海外经由台湾、香港到大陆地区，由沿海到深海区域，由竞技比赛到休闲娱乐，呈现出专业化、产业化发展态势，并形成以黄渤海、东海和南海三大海域为中心的全国休闲海钓服务网络格局。其中，黄渤海以大连、天津（北京）、秦皇岛、烟台、青岛为区域中心；东海以舟山、宁

图13 马尔代夫度假水屋 盛永利/摄

波（上海）、温州、福州、台北为区域中心；南海以深圳、香港、珠海、澳门、阳江、湛江、三亚为区域中心。

### 3.1.5 以厦门海域和三娘湾为代表的观鲸旅游目的地

观鲸旅游20世纪末期在亚洲兴起并迅猛发展，其中增速最快的国家和地区为中国大陆、中国台湾、印度尼西亚、日本、柬埔寨和老挝。在我国观鲸旅游目的地主要集中于大陆的中、南部沿海地区以及香港和台湾地区，主要海域为东海、南海以及东海与黄海交界处，其鲸鱼种类主要为中华白海豚，最具代表的区域为厦门海域和广西钦州市的三娘湾。

**图14 游艇港西班牙瓦伦西亚皇家游艇俱乐部** 陈耀/摄

## 3.2 高端旅游产品的开发现状

### 3.2.1 滨海度假：升级阶段

进入20世纪末期，我国滨海度假得到平稳快速发展，2000年滨海地区实现国内旅游收入4665.39亿元，占全国旅游收入的68%，占全国GDP总量的4.7%；2011年滨海地区实现国内旅游收入27315.8亿元，占全国旅游总收入的51.5%，占全国GDP总量的5.8%。滨海度假市场规模不断扩大，2000~2011年间，我国滨海地区接待国内外游客总量由5.67亿人次上升到27.22亿人次。

然而，滨海度假在其发展与优化转型过程中仍存在一些突出问题：一是我国滨海度假旅游产品在其开发设计过程中存在较为严重的同质化现象，与国际滨海旅游知名品牌相比缺乏核心竞争力和国际影响力；二是我国滨海度假旅游市场开发与管理尚不完善，特别是滨海度假旅游区在开发立项前缺少较为科学、系统的论证，在其经营管理过程中，由于海洋旅游资源以及相应基础设施归属权、使用权的多元化，使其管理体制很难达成统一。此外，我国滨海度假旅游产品具有较为明显的季节波动性，如何结合地域特色以突出文化底蕴、缩短淡旺季差距、实现与生态环境保护协调发展是我国滨海度假产品实现优化升级所面临的重要挑战。

### 3.2.2 邮轮旅游：拓展阶段

我国海域腹地广阔、旅游资源丰富、经济持续高速增长、居民消费能力日益提高，加之国家、各地对邮轮旅游发展的高度重视，我国邮轮旅游迅猛发展，同时表现出自身的发展特征：第一，邮轮旅游发展势头良好，市场规模不断扩大。根据《2011~2012中国邮轮发展报告》显示，2011年，我国接待国际邮轮262航次，同比增长17.5%，邮轮出入境乘客26万人次，同比增长30%，上海、天津、厦门、三亚、青岛、深圳等港口接待国际邮轮及其游客数量持续增加（表4）；第二，邮轮旅游需求集中度较高，邮轮航线短途化趋势比较明显。受我国带薪休假制度尚不完善以及我国居民的消费能力不高的限制，邮轮游客多选择以国内和东南亚航线为主的短途出游，且表现为较强的季节性特征；第三，本国邮轮产业仍处于初创时期，主要以港口接待服务为主，没有自主品牌的邮轮运营企业，其邮轮旅游收益主要来源于旅行社为境外邮轮公司代理出境游所得的销售佣金和邮轮港口停靠服务费；第四，同质化建设与竞争情况日益显现。目前我国已有17个沿海城市提出建设游轮母港的规划，这种忽视其邮轮港口建设的科学论证与规划而出现大量的同质化投资建设热潮，必将带来进一步的同质竞争，进而阻碍我国邮轮产业的可持续健康发展。

### 3.2.3 游艇旅游：起步阶段

2009 年，国务院下发《关于加快发展旅游业的意见》首次提出“支持有条件的地区发展邮轮、游艇旅游，把邮轮、游艇等旅游装备制造业纳入国家鼓励类产业目录”；2010年5月，国家海事局出台新的《游艇操作人员培训、考试和发证办法》，打破游艇培训的地域限制、游艇驾照升级为全国通用。上述举措大大促进了游艇旅游的快速发展，目前已形成以上海、深圳、青岛、大连为代表的主体消费区。2013中国(上海)国际游艇展成交金额逾10亿元，游艇旅游市场呈现出商务和休闲娱乐并举、公共型游艇旅游占主导地位、游艇租赁市场走向大众消费市场、私人游艇消费初露端倪的特征。

游艇购买门槛较高，加上消费习惯、国家政策等因素的影响，使得游艇这种在发达国家中产阶级及以上家庭的休闲娱乐工具，在我国却还处于起步阶段，主要表现为：一是硬件配套设施不足。专用码头少、泊位不足，沿岸缺乏补给站和配套的餐饮、休闲娱乐设施，在海域/水域没有专用的游艇航道；二是售后与配套服务缺位。没有专门的游艇4S店，购买的进口游艇售后由国内经销商负责；购艇后的税费、泊位费、保养费用过高；国内保险公司均未开展游艇保险业务，航行安全和损坏难以定责、保障。

### 3.2.4 海钓休闲：培育阶段

随着我国海洋旅游业的快速发展，海钓作为休闲渔业的重要形式之一，已由原有单一的体育竞技活动转化为一种新颖的高端海洋旅游体验方式。在山东半岛地区、长江三角洲地区以及东南沿海等区域通过海钓示范基地和海钓休闲平台建设发展休闲渔业、推动海洋旅游业产业结构调整；同时，以经营海钓为主要业务，实行企业化、市场化操作管理的专业海钓俱乐部也在我国大连、青岛、舟山、上海、厦门等沿海城市相继成立专业海钓俱乐部；在海钓业发达地区，区域海钓休闲品牌正在形成，如舟山市提出的“舟山群岛海钓天堂”、宁波市象山县推出的“中国渔山海钓圣地”、长海县小长山乡打造的“黄海第一钓岛”等。

图15 象山海上垂钓 杨忠华/摄

作为一项新兴的高端海洋旅游产品，其发展仍存在诸多问题：一是受观念、资金和技术等因素影响，我国海钓基地、海钓场所以及海钓服务设施国际化水平相对较低、专业化管理机构和人才较为缺乏；二是休闲海钓产品的无序开发，使得我国沿海渔业资源、海域生态环境平衡受到严重影响；三是海钓产业链条发育不足，其产业关联性、高附加值特征有待培育，与旅游等相关产业结合程度不高，仍旧处于传统的休闲垂钓的发展模式和范畴。

### 3.2.5观鲸旅游：起步阶段

我国观鲸旅游业起步较晚，约从2003年开始，但发展增速非常快，根据IFAW统计，2008年我国观鲸旅游者人数已达30.7万人次，主要集中在广西壮族自治区的三娘湾开展，此外还包括厦门海域的观豚活动。三娘湾位于钦江、大风江与海水的咸淡水交汇处，水域面积350平方公里，栖息有上千头中华白海豚(Indo-Pacific humpback dolphin)，观鲸旅游对于地方经济收入至关重要，80%的村民从该产业中受益。

我国周边例如日本、新加坡、泰国、马来西亚等国家的观鲸旅游活动已成为一项成熟的旅游项目，由此对我国观鲸旅游发展带来相应的屏蔽效益，使我国观鲸旅游发展面临着严峻的挑战与国际竞争。此外，观鲸旅游业在我国处于新兴产业，其发展模式多为渔村村民自发组织，缺少相应的专业化管理机构和行业组织，在相关法律法规制定与执行、游船使用管理、生态环境保护教育方面严重缺位。

## 4. 我国高端海洋旅游业发展的路径选择

### 4.1 产品开发模式：复合式开发

第一，以高端海洋旅游市场需求为导向，转变旅游产品开发模式。充分挖掘邮轮旅游、休闲海钓、海上高尔夫、滨海度假、商务会展等旅游产品价值，形成游览、度假、休闲体验、美食、商务等多元化复合型产业形态，发挥其规模效应和互补效应，提高产业链条附加值。第二，将海洋文化、宗教文化、渔家风情等融入旅游产品的开发设计之中，延伸高端海洋旅游产品的文化内涵，将单项高端旅游产品融入地方海洋经济发展的大环境。第三，将深度体验、高端参与以及生态环保理念融为一体，合理布局海洋功能分区、构建多元化高端海洋旅游产品体系和产业分工体系，提升我国高端海洋旅游产品的国际竞争力和影响力。

### 4.2 产业发展动力：政府引导与资本准入

政府部门在坚持原有的政府主导、市场化运作模式的基础上，一是应注重政策着力点重点的转变，即从重视高端海洋旅游产品的打造与项目的设计到科学引导高端旅游产业化发展；从主导高端海洋旅游招商引资到主导沿海地区社会环境和公共设施的旅游化改造。二是不断探索新的投资平台，进一步拓宽融资渠道，鼓励多元资本准入，既积极引导国内和国际大财团或知名公司参与，优化资本运作机制，为高端海洋旅游产品的创新发展注入新的活力，又充分利用民营资本，吸收民间资本注入。

### 4.3 产业组织模式：行业协会/俱乐部培育

欧美等发达国家高端海洋旅游产业发展相对成熟，均设有海钓、邮轮等协会组织，如欧洲邮轮协会、佛罗里达-加勒比海邮轮协会、国际钓鱼运动协会等，其在区域海洋旅游发展中发挥着重要的监督、协调作用，具有较强的行业约束能力。我国高端海洋旅游发展同样需要积极培育行业协会组织，制定行业标准，来规范其市场经营环境和区域产业发展环境。除此以外，俱乐部作为高端旅游活动组织单元在世界发达国家和地区较为普遍。相对于行业协会组织而言，俱乐部则是倾向于向旅游消费者提供集餐饮、娱乐、住宿、商务、培训等于一体的高端海洋旅游体验项目，举办大型国际赛事活动以及发布相关行业资讯等。积极培育国际化的高端海洋旅游俱乐部，有助于提高大众参与度和国际影响力。

### 4.4 产业可持续发展机制：社区参与生态补偿

海洋旅游具有明显的环境脆弱性和敏感性，我国高端海洋旅游的发展应更加注重海洋生态环境的保护与协调，建立相对完善的海洋旅游产业发展机制。一方面，针对我国海洋旅游资源的开发利用情况，从国家、区域和产业三个层次建立生态补偿机制，完善海洋生态环境影响评价技术与制度，确立海洋生态旅游资源补偿标准、明确海洋旅游资源产权价值、拓宽生态补偿途径，切实保障遭受破坏的海域生态得到应有的补偿及修复。另一方面，构建有效的社区参与保障机制，科学、合理实施社区维权、社区增权措施，维护社区居民利益，促进海洋旅游业综合效益的实现。

**参考文献**

[1]Shareef, Hoti.Small island tourism economies and country risk ratings [J]. Mathematics and Computers in Simulation, 2005 (68): 557 - 570.

[2]Tourism and Events Queensland.http://www.tq.com.au/research/summary-visitor-statistics[EO/BI],Summary Visitor Statistics, June 2013.

[3]CLIA.2011 CLIA Cruise Market Overview[R].2011:1–21.

[4] 杨新发 . 中国游艇产业发展综述报告 [M]. 上海：上海交通大学出版社 ,2011.

[5] 中国交通运输协会邮轮游艇分会 .2009 – 2010 中国游艇产业报告 [R].2010:1–166.

[6]NMMA.2012 Recreational Boating Statistical Abstract[R].2012,1–34.

[7] Southwick Associates. Comparing NOAA' s Recreational and Commercial Fishing Economic Data[R].2013(5):1–16.

[8] U.S. Fish & Wildlife Service. 2011 National Survey of Fishing, Hunting, and Wildlife-Associated Recreation[R].2011:1–143.

[9]ASA. Sportfishing in America: An economic force for conservation[R].2013(1):1–12.

[10]ASA. Fishing Access in the United States[R].2010:1–361.

[11]Kuo,Chen,McAleer. Estimating the impact of whaling on global whale-watching[J]. Tourism Management, 2012 (33):1321–1328.

[12]Montemayor, Sumaila,Kaschner, Pauly. The global potential for whale watching[J]. Marine Policy , 2010 (34) :1273 - 1278.

# 中国海洋主题公园的发展历程及趋势

# Development History and Trends in Marine Theme Parks in China

文 / 张立明

【摘 要】

通过对国内海洋主题公园总体发展情况的实地调研和统计分析，总结出中国海洋主题公园发展经历了缓慢起步、快速发展和品牌扩张三个阶段，各阶段在开发理念、空间分布、项目设置、游憩方式、建设规模、盈利模式和经营管理等方面均存在明显不同的特征，指出未来中国海洋主题公园将朝着景区开发城区化、体验多样化、经营网络化和管理智慧化方向发展。

【关键词】

海洋主题公园；发展历程；发展趋势

【作者简介】

张立明 博士，湖北大学资源环境学院教授

**注：本文区域分析图底图来源于国家基础地理信息系统**

## 1. 引言

海洋主题公园是以海洋为主题，集海洋生物展示、海洋科普及环境教育和海洋文化传播等功能于一体的休闲娱乐场所。我国海洋主题公园的规模化发展始于20世纪90年代中期，在国内旅游产业的快速崛起以及旅游需求的多样化、个性化背景下，海洋旅游以及以海洋为主题的旅游场所和旅游活动逐渐受到旅游者的青睐，海洋主题公园不仅在数量上出现了快速增长，空间分布也逐步由滨海区域向内陆地区转移，开发理念也出现了显著的变化。笔者曾于2006年主持编制《武汉极地海洋世界旅游规划》，期间组织规划编制组成员赴内地二十余家海洋主题公园及香港海洋公园调研，对国内海洋主题公园的发展有了初步的认识。结合实地调研、网络查询及文献分析，撰写了一篇名为"中国海洋主题公园的时空分析及影响因素"论文，发表于《旅游学刊》2007年第2期。此后，笔者持续跟踪中国海洋主题公园的投资现象，更深入地了解到我国海洋主题公园的发展状况。本文试图结合前期研究及近十年的变化，再次探讨我国海洋公园发展阶段，分析各阶段特征，归纳出国内海洋主题公园的发展趋势，为我国海洋主题公园的规划、投资及可持续发展提供参考。

## 2. 发展阶段及特征

截至2013年9月，国内有投资额2000万元以上的各类海洋主题公园约70家。从1932年开业的青岛水族馆开始，大致经历了缓慢起步、快速发展和品牌扩张三个阶段。

### 2.1 缓慢起步时期

1990年以前，国内有7家较大规模的海洋主题公园，占总数的10%，这一时期海洋主题公园的最大特点是投资少、建设规模小，旅游产品以静态观赏为主，属于缓慢起步时期。该时期的海洋主题公园一般是在海洋动物研究机构基础上发展而来，通常以"水族馆"名义开展旅游接待，主要以海洋动物的静态观赏为主，主要功能是科学研究、科普教育和观赏。这类展馆通常将海洋鱼类等养殖在玻璃水箱、橱窗式海水池中进行展示，或者让游客参观海洋生物标本展示厅，游览面积很小，水

图1 大连老虎滩海洋公园

吴必虎/摄

表1 各阶段国内主题海洋公园的数量

| 建成年代 | 1990年以前 | 1990年代 | 2000年以后 |
|---|---|---|---|
| 数量（家） | 7 | 27 | 36 |
| 百分比（%） | 10 | 39 | 51 |

箱容量有限，鱼类品种单一，容易使游客感到枯燥乏味，缺乏与游客的互动。目前，这类水族馆大多数都已经关闭，或者改造升级为新一代海洋公园。

开发理念：观光旅游，为游客提供的是一种差异化的单项观光产品，少有互动的需求，开发形式为单一的陈列式海洋主题公园。

空间分布：青岛、北海、秦皇岛等沿海海洋渔业比较发达的城市或旅游目的地城市。

项目设置：标本展示、知识长廊、玻璃水箱、大型洄游玻璃水槽等。

游憩方式：通常是博物馆式陈列，以玻璃水箱、橱窗式海水池的观赏为主、以图片、文字的资料介绍为辅，或者让游客参观玻璃盒内的鱼类标本，主要游憩方式为过道式或陈列室形式的静态观赏。

建设规模：建设规模普遍偏小，平均投资约0.62亿元，平均占地约3公顷。

盈利模式：门票是主要经营收入，辅以少量的纪念品、饮食配套服务收入等。

经营管理：主要依托相关的海洋研究机构，组织形式上属于事业单位，无专业化景区管理。

典型代表：青岛水族馆、北海水族馆等。

## 2.2 快速发展时期

1990年代属于国内海洋主题公园发展的快速发展时期，共有27家，占总数的39%，由于受到国内旅游市场快速增长的影响，90年代海洋公园在数量上快速增长，在空间分布上呈散点式扩张，既有沿海岸带的纵向快速扩张，也有逆海岸带的横向快速扩张。这一阶段的海洋主题公园与第一代海洋主题公园有明显不同的特征，无论是旅游产品形态、投资规模还是经营模式都在第一代基础上有了实质性的变化。旅游产品的表现形式开始多样化，有以科普教育为主的海洋公园，有以娱乐休闲为主的水上世界，还有以动物表演为主的海洋公园等，多数海洋公园都建有人造海底隧道，营造出了十分逼真的模拟海底景观，游客行走在全景隧道中，四周为透明观赏池，如置身海底。总体上，这一阶段的海洋馆的产品功能融科普与观光休闲于一体，在游憩活动项目方面开始注重互动性和参与性，体现了寓教于乐的参与式旅游要求，但参与性不够，互动性不强，整体配套服务能力有限，如北京自然科学博物馆水族馆（1996）、山海关水族馆（1995）、青岛海豚表演馆（1995）、昆明水族馆（1994）等海洋馆就因为缺乏附属娱乐项目，活动内容比较单一，对游客的吸引力有限而经营困难，仅有少数几家如大连圣亚海洋世界（1995）、北京海洋馆（1999）、上海长风海底世界（1999）、广州海洋馆（1997）等经营良好。

开发理念：海洋科普与观赏游乐相结合的综合性海洋主题公园，开发引入海洋动物表演，注重观赏项目的娱乐性和参与性，强调游客的互动，旅游体验更丰富。

空间分布：总体上沿海滨城市或近海岸300km的大城市（尤其是省会城市）分布，但已经出现由海滨城市向西安、长沙等内陆城市转移的态势。

项目设置：海洋公园内部结构总体上仍以单体馆藏建筑形式为主，应用大型洄游水槽、展示缸放养更多的海洋鱼类；部分海洋馆在加强海洋动物展示的同时增设了海洋动物的表演场馆以及游乐园，观赏性更强，更加注重珍稀海洋动物的饲养和研究，并配置较为完善的酒吧、商店、餐饮等辅助设施。

游憩方式：科普教育、静态观赏与动态表演相结合，更加突出主题特色，出现了海底模拟景观和模拟极地、海洋环境，游憩活动的互动性和参与性明显加强，海洋科普方式开始娱乐化，能做到寓教于乐。

建设规模：平均每个海洋公园投资已达到2.22亿元，平均占地约8公顷。

盈利模式：景区的盈利能力明显增强，门票仍然是主要收入来源，但来自娱乐性项目、主题餐饮、主题购物等的销售收入逐步提高。部分景区开始有了品牌的特许经营和主题公园以外的配套商业物业收入等。

经营管理：有独立的景区管理

机构和专业化的景区管理。

典型代表：北京海洋馆、广州海洋馆等。

## 2.3 品牌扩张时期

2000年以来，国内海洋主题公园出现快速扩张态势。截止到2013年9月，国内有单体投资2000万元以上的海洋主题公园约70 家，2000年以来新增了36家，占总数的54%。这一时期，海洋主题公园开始出现规模化、集团化发展，涌现出了海昌极地海洋世界等较有影响力的品牌。该时期旅游者的旅游消费行为更加理性，更具个性化，对海洋公园产品结构和功能提出了更高的要求，各海洋公园不得不更加突出主题特色。如部分海洋公园内建设极地馆，模拟极地环境，向旅游者展示极地海洋动物并开展极地体验活动（如大连老虎滩极地海洋动物馆等）；部分海洋公园突出热带主题，以热带海洋生物的展示为核心（如海南热带海洋世界）；部分海洋公园已经发展成为以海洋为特色的主题社区，游憩商业和娱乐休闲性更加突出，除了珍稀海洋、极地生物展示，海底隧道、海洋剧场主题表演、科普馆、嘉年华、游艺设施等基本内容外，户外娱乐设施更加现代化和高科技化，增加了四维动感影院、水幕电影，海洋游乐大街、潜水馆、海洋嘉年华等娱乐活动；有的海洋公园为了丰富游憩活动内容，还建有鸟语林、热带雨林等观赏项目。海洋公园内部功能分区更加明显，更注重游客体验的营造，游憩活动项目更具特色，给游客充分的体验游乐空间，游览时间明显增加。同时，由于旅游市场竞争的加剧，海洋公园开始向大规模、专业化、多功能开发转化，注重休闲和综合游乐的结合，强调主题公园的游憩功能，出现了一些连锁经营的海洋主题公园，如大连海昌集团将大连海洋极地馆的成功经营模式推广到青岛、昆明、成都、武汉等，形成了以极地海洋为主题的主题公园品牌。

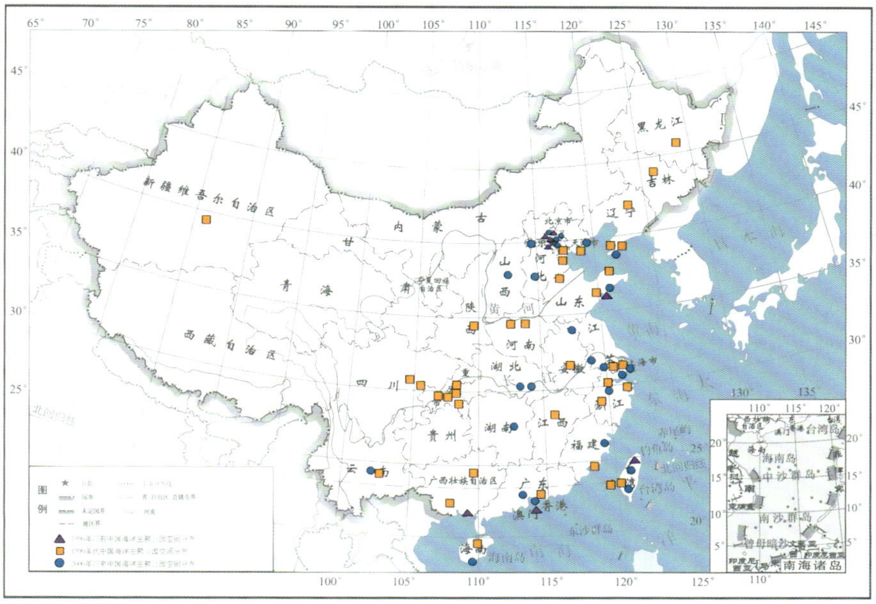


**图2 中国海洋主题公园空间分布示意图**

开发理念：由单一功能的海洋（科普）馆景区向集海洋生物观光、环境教育、动物表演、景观房地产以及商业游憩区等于一体的城市主题休闲社区转变。更加关注人类生活质量，从人文关怀的高度，强调游客的参与性、互动性，突破传统的景区概念，把旅游休闲的功能分散到社区的每个角落，将观光、休闲、度假、会展、运动、娱乐、养生、教育、居住等不同功能组合起来，形成主题公园、景观房地产、商业游憩区三者互相依存、互相促进、良性循环的产业链。

空间分布：开始摆脱对海滨城市的依赖，逐步转向内陆城市，中部的多数省会城市也都建成海洋公园，西部也有少数城市建成海洋公园（如新疆盛贝特海洋馆）。从我国东中西三大经济地带的分布来看，仍然以东部作为主，东部47家占68.56%，中部10家占14.30%，西部12家占17.14%。

项目设置：第三阶段的海洋公园在项目设计上注重规模化、综合性、大众性、参与性、文化性、娱乐性、体验性、享受性；如大水体海底观景隧道、海洋剧场、科普馆、四维动感影院、潜水馆、海洋嘉年华等，兼有园林景观、文化娱乐演艺场所、游乐场等，有主题酒店、商务会所、商店、餐饮等完善的配套设施。

游憩方式：景区娱乐活动不断推陈出新，注重参与性和体验性，力求高重游率。部分海洋公园出现了真实的海洋环境，能让观众们置身于海底，由观众自己去体验、去活动，在海底自行穿越，全景式观赏。

建设规模：平均每个海洋公园投资已达到3.20亿元，平均占地10公顷以上，尤其是近五年来建设的海洋公园，由于配套建设了主题商业街区和大型景观房地产项目，占地规模均达到了50公顷以上。

盈利模式：由以旅游门票收入为主的单一模式，转向从旅游、房地产开发以及商业游憩服务中获得综合收益，收入来源多元化。

经营管理：有专业化的景区管理，更注重景区品牌和形象的塑造，出现了连锁经营的海洋主题公园，目的地型景区开始出现。注重游客参与性和体验性以及项目更新率，走“旅游+地产+商业游憩”的复合发展之路，发展主题（海洋、极地）旅游休闲社区。实施品牌输出战略，即区域扩张和连锁经营。

典型代表：青岛极地海洋世界、武汉极地海洋世界、抚顺皇家极地海洋世界等。

## 3. 发展趋势

### 3.1 景区开发城区化

由于投资驱动型经济增长的需求，各地争相出台优惠政策吸引旅游投资，尤其是大型主题公园，因为其强大的产业带动能力和旅游引擎作

**图3 大连圣亚海洋世界深海传奇馆—拱形天幕影院**

用，备受地方政府欢迎。但海洋公园的空间选择除了受到客源市场等的制约外，还将受到自身高额的经营成本影响。因此，单一的海洋主题公园投资开发由于其经营成本过高、投资回收期长，难以在内陆城市大规模扩张。近十年来，“景点+景观房地产”旅游开发模式已逐渐引入到海洋主题公园投资领域，并改变了海洋主题公园的盈利模式，为海洋主题公园在内陆城市的布局提供了可能。在内陆城市建设的海洋主题公园将不再是孤立的景区，而是配套了景观房地产项目，甚至与新的城市功能区建设相结合，形成更大空间地域的组合。如青岛极地海洋世界、武汉极地海洋世界等均与景观房地产、主题商业游憩区组合开发，形成了新城市综合体。在这种开发模式下，企业通过配套开发景观房地产和商业游憩区所带来的收益，完全可以化解高额的海洋公园投资和经营维护费用所带来的风险；地方政府和社区居民等将从区域综合开发和后续发展中获得不同的利益，平衡了多利益主体的利益诉求。

因此，未来海洋主题公园开发模式将由单一景区开发向主题城区开发转变。近几年，大连海昌集团实施品牌扩张，在昆明、成都、武汉等内陆大城市建设海洋主题公园，并按照主题（海洋、极地）旅游休闲社区的要求即兴建设，将主题公园、多

**图片提供：大连博涛多媒体技术股份有限公司**

功能休闲游憩空间、商业游憩区以及景观房地产的开发相结合，形成与城市融为一体的大型或超大型主题旅游休闲社区甚至主题旅游城区。在投资结构上，以景观房地产投资为主，以主题公园投资为辅，体现了以旅游做人气、房地产创利润、商业游憩区（或主题酒店）创形象的开发理念。由于新理念的应用，海洋主题公园将不再仅仅受资源地的限制，而逐渐向海洋资源缺乏、但市场需求旺盛的内陆城市转移。如武汉极地海洋世界项目占地近千亩，总建筑面积近85万平方米，是集旅游、商业、住宅为一体，包括极地海洋公园、渔人码头、旅游大道、板道大街、棕榈滩水世界、产权酒店以及中高档住宅区等为一体的大型复合地产项目，实际上是一个大型海洋文化主题城区，代表了海洋主题公园景区开发的城区化方向。

## 3.2 景区体验多样化

从近几年海洋主题公园设计的游憩活动来看，几乎涵盖了海洋生物观赏、海洋科普及环境教育、海洋动物表演及互动娱乐、海洋美食、海洋主题演艺、海洋主题商业及户外娱乐休闲等各个方面。且每个海洋公园均有自身特色，如重庆海洋公园内设置了高台滑道、乘筏滑道、螺旋滑道、高速滑道、模拟海滩、人造波浪、漂流河、儿童戏水池、成人戏水池、游泳训练池、潜水池以及多项陆上儿童游乐园，配套有音乐茶座、风味小吃、主题快餐等；青岛海底世界的游憩活动已经延伸至海底，能为游客提供真实的海洋环境；宁波海洋世界的游憩活动中充分融入了世界古老的经典文化，从吴哥文化、古埃及文明、中国皇家圆明园的残迹、沉寂海底的中国古老长城、美丽的自由女神，到古罗马遗迹等；香港海洋公园景点已超过70余个，不仅游乐活动丰富多彩，还建设了一系列各具特色的主题酒店，如渔人码头酒店、海洋酒店以及水疗度假酒店等，能提供十分丰富的游憩和度假体验。

未来十年，旅游新业态和新产品不断出现，乡村休闲、城市文化体验、城郊度假、山水休闲运动等专项旅游产品将快速兴起，各海洋公园要想吸引更多的游客，就必须在满足游客的个性化方面不断创新，按照“全景观光、全程体验、全园消费”的要求进行游憩活动和方式的再造。需要对现有游憩活动注入新的娱乐元素和文化元素，使其更具时尚感和更丰富的文化体验，如将具有地域文化特色或高水准的异域文化演艺活动引入景区，在景区内增设体验中心、4D影院及户外高科技娱乐活动。同时，从游憩组织方式来看，现有的海洋公园主要以一日游为主。随着海洋主题公园景区开发的城区化，景区内不仅能提供海洋馆、极地馆或各种博物馆及表演性场馆，还能提供海洋主题酒店或海洋主题商务会务场所，游客可以在景区内完成休闲娱乐和各种主题活动，为多日游的城市度假游憩提供了可能。因此，随着海洋主题公园由单一景区向主题城区转变，游憩方式也将出现观光、休闲娱乐和城市度假等多种形式。

## 3.3 景区经营网络化

从国内海洋主题公园的发展历程可以发现，从第一阶段主要集中于海洋渔业十分发达的滨海城市或海滨旅游城市，到第二阶段逐步向非滨海城市扩张，再到第三阶段向远离大海的内陆城市的扩张，海洋主题公园的空间分布已经摆脱了对沿海城市的依赖。由于开发理念和投资模式的重大变化，其盈利模式不再是单纯依赖于景区的旅游收入，而是旅游以外的收入逐渐成为重要的回收渠道。海洋主题公园的空间选址上不再局限于滨海城市、旅游城市，而是向内陆人口基数较大、旅游资源并不丰富的城市转移，空间布局的网络化趋势已经凸显。

近十年来，大连海昌集团积极培育“海昌极地海洋世界”主题公园品牌，先后建成了大连老虎滩极地馆、青岛极地海洋世界、成都极地海洋世界、重庆加勒比海水世界、武汉极地海洋世界和天津极地海洋世界等，同时建成了大连老虎滩渔人码头、大连金石滩发现王国、烟台渔人码头等综合性游乐项目。“海昌极地海洋世界”主题公园品牌在空间上的扩张正是未来海洋主题公园网络化、规模化和集团化发展的一个缩影，代表了海洋主题公园未来发展的方向。香港海洋公园携手亚洲13个主题景区，包括北京海洋馆、上海海洋水族馆、上海欢乐谷、深圳欢乐谷、深圳东部华侨城及广州长隆欢乐世界等，开展整合推广，联合销售，共建共享旅游营销平台和客源市场，实现景区经营的网络化。

## 3.4 景区管理智慧化

随着现代信息技术与旅游业的融合发展，旅游景区服务和管理的科技应用越来越广泛，以信息技术为主导的现代科技已经渗透到旅游活动的全过程，包括游前决策、游览过程以及游后服务等。智慧景区是近几年才出现的新概念，其建设是一个复杂的系统工程，既需要利用现代信息技术，又需要将信息技术同科学的管理理论和景区经营管理的实际相结合。

同其他景区一样，传统的经营管理手段和服务方式已无法满足未来海洋旅游者的需要，建设智慧景区，通过智能网络对海洋公园的观景点、旅游活动、旅游服务设施等进行全面、透彻、及时的感知，为游客提供交互式、可视化的游览引导服务，为景区安全管理、游客管理、经营决策等提供数字化和可视化服务，优化再造景区业务流程和智能化运营管理，将是海洋公园未来发展的重要方向。

未来海洋主题公园的智慧化建设的具体内容：①信息化基础设施，包括各种硬件设施、景区地理信息资源数据库以及数据管理平台，如传感设备，这些设备嵌入到景区的各种设施中，并与互联网连接。②景区信息管理平台，包括景区门户网站、办公自动化系统、旅游电子商务平台、电子门禁系统、景区游客导引系统，以及集成地理信息系统、多媒体技术、数字图像处理、网络远程传输、卫星定位导航技术和遥感技术的综合管理平台。③综合决策系统平台，覆盖数据管理、共享、分析和预测等信息处理环节，为景区管理层进行重大决策服务。实际运用中，整合物联网与互联网后，景区管理者可以在指挥中心、办公室或通过3G智能手机全面、及时、多维度地掌握景区实时动态，实现景区可视化、智能化管理。④其他配套系统，包括资源管理系统、环境监测系统、规划管理系统、智能监控系统、多媒体信息发布系统、多媒体展示系统、网络营销系统和微机管理系统等。

# 我国国家海洋博物馆的旅游创新开发研究

# Research on Tourism Innovation and Development of Chinese National Maritime Museum

文 / 张广海　王 佳　尚修竹

**【摘 要】**

中国国家海洋博物馆是我国首座展现国家海洋自然和人文历史的综合性、公益性的国家海洋博物馆，对于建设海洋强国、树立全民海洋价值观具有重要意义。借鉴国际海洋博物馆发展模式和经验，结合国家海洋博物馆资源特征、区域发展的旅游环境、城市供给环境和政策战略环境等优势条件，积极将国家海洋博物馆与旅游产业相融合，构建国家海洋博物馆旅游综合体发展模式，形成"一体两翼"的构成体系，探讨文化集聚、合作经营、产业融合、组合开发、智慧体验五个方面的运行机制，并提出制度性保护、自觉性保护和技术性保护措施，促进国家海洋博物馆资源保护与旅游业协调发展。

**【关键词】**

国家海洋博物馆；旅游综合体；开发模式

**【作者简介】**

张广海　中国海洋大学管理学院副院长、旅游系主任，教授，博士生导师

王　佳　中国海洋大学管理学院博士研究生

尚修竹　中国海洋大学管理学院硕士研究生

图1 全球最大的海洋馆——S.E.A海洋馆 李涛/摄

环境保护和海洋文明传承成为当今世界关注的热点问题。海洋博物馆集聚科普教育、科学研究、旅游体验功能于一体，是保护海洋资源、继承海洋文明的重要载体，也是国家文明进步的重要标志[1]。海洋博物馆是重要的海洋文化旅游资源，是海洋文化旅游的重要组成部分。目前国际上国家海洋博物馆开发相对成熟，在英国、美国、荷兰、日本等海洋国家都拥有自己的国家海洋博物馆，这些海洋博物馆成为地区海洋旅游的重要载体，吸引力大量游客。我国首个国家海洋博物馆坐落在天津，占地15公顷，建筑面积11.5万平方米，从2011年5月开始建设，目前正在紧锣密鼓的馆区建设和藏品征集阶段，未来将形成海洋自然、法律法规、监测、考察考古和文明历史等方面的实物及文献宝库，资源价值较高，类型多样，海洋文化内涵丰富，是我国珍贵的海洋文化旅游资源。借鉴国际海洋博物馆开发经验，分析我国国家海洋博物馆旅游开发优势条件，探讨如何国家海洋博物馆建设与旅游产业融合发展，优化资源配置，创新国家海洋博物馆旅游资源开发模式，对于保护海洋资源、重塑海洋文明价值观、培育海洋保护意识、提升海洋文化旅游内涵具有重要意义。

21世纪以来，博物馆建设进入全面发展时期，其规模、内容、形式和功能呈现多元化特征，从仅供展览、收藏、陈列的公益性机构转变成具有教育科普、文化研究、旅游体验、综合服务等功能的综合型公共文化场所，是一种具有开发性、创新性的“文化空间”。面对这种发展趋势，再加上休闲体验时代文化旅游的蓬勃发展，博物馆产业逐渐与旅游产业密切融合，在保持传统社会功能的同时增强旅游功能，形成一种新型的发展模式——博物馆旅游，深受游客的喜爱和重视，推动了区域文化、经济、社会发展。

海洋是人类生命的源泉，海洋

## 1. 国际海洋博物馆的发展经验

我国具有丰富的海洋资源，开发了一系列海洋公园、海洋水族馆、海军博物馆等著名景区景点，在海洋资源保护、海洋文明教育和海洋科学考察等方面起到一定积极作用，但尚未形成国家级、公益性和综合性的海洋博物馆，这与我国在世界中的海洋地位不相匹配。进入21世纪以来，我国贯彻实施海洋发展战略，力争实现建设海洋强国的战略目标。为此，我国积极筹划建设国家海洋博物馆，借鉴世界海洋博物馆开发模式和发展经验，开创具有中国特色的海洋博物馆开发模式。

### 1.1 国际海洋博物馆典型开发模式

#### 1.1.1 传统展览型模式

世界上最早最大的海洋博物馆——摩纳哥海洋博物馆始建于1910年，背山面海，矗立在法国东南部地中海沿岸的断崖上。它主要采用陈列展览的发展模式，将历代渔船模型、海洋动物标本、海洋捕鱼劳作工具等以陈列的形式展现给游客，具有巨大的游览价值，外观建筑本身也别具一格，并与周围海滨景观融为一体，形成独特的旅游景观，具有科学性和艺术性，作为摩纳哥著名的风景名胜吸引了国内外众多游客前来旅游。

#### 1.1.2 体验性开发模式

日本名古屋海洋博物馆设计独特，南馆展示了五大海域自然环境，北馆展示了海洋生物环境，采用体验性开发模式，开发多种体验性、娱乐性项目，吸引了众多游客。游客可以通过现代化科学技术让游客亲身验证阿基米德浮力定律，体验万吨巨轮模拟驾驶，动手制作游船游艇模型，或是通过港口信号台，领略整个名古屋海港的风光。

#### 1.1.3 市场化运作模式

西班牙毕尔巴鄂采用以城市文化复兴和经济新增长方式促进城市发展的模式被称为“毕尔巴鄂模式”，在这种模式发展过程中古根海姆博物馆的建设发挥着重要作用。它将文化创意产业、以古根海姆为代表的博物馆产业与旅游产业相融合打造博物馆旅游产品，通过博物馆建设来带动整个城市的旅游业与经济发展，为城市注入新鲜血液。

这种旅游市场化运作模式首先依靠奇特的造型、别致的材料和独特的设计，将博物馆自身打造成艺术品，成为欧洲的建筑圣地，在海内外享有盛誉（见图2）。其次积极打造“古根海姆”品牌，通过市场营销策略推广品牌，促进博物馆产业市场化运作。三是制定博物馆建设的长远目标，展览项目和博物馆建筑设计都与城市形态和经济发展目标相结合，提升资源的稀缺性。

### 1.2 国际海洋博物馆经验借鉴

#### 1.2.1 培育知名博物馆品牌

国外知名滨海城市的博物馆是滨海旅游的重要资源，通过良好的市场营销策略和创意产品设计，充分挖掘博物馆海洋文化资源和海洋历史文明，设计自身个性化、体验性的旅游产品，打造海洋旅游博物馆产品知名品牌，提升滨海旅游市场吸引力，促进滨海旅游业的发展以及区域经济实力的提升。

#### 1.2.2 发挥滨海旅游资源聚集效应

国际滨海城市海洋博物馆产品与区域旅游资源充分融合，不仅在建筑设计和体量上保持与海洋环境融为一体，而且与周边旅游景点景区有效组合，利用滨海城市周边的滨海公园、滨海景区、滨海广场、滨海社区等旅游资源，以及滨海地区相关领域接待设施，满足游客休闲、度假、娱乐需求，发挥滨海旅游资源的集聚效应，形成滨海旅游产业链，提高滨海城市旅游资源竞争力。

#### 1.2.3 注重开放性和公益性特征

国外海洋博物馆具有公益性质，通常采用免费开放政策，在吸引本地居民的同时吸引了众多游客。海洋博物馆与一般博物馆一样，往往通过生产旅游纪念品或旅游商品、提供讲解服务等方式增加营业收入、传播博物馆文化、塑造品牌形象。同时，国外海洋博物馆非常重视公共空间的开发，利用海洋文化元素打造公共室内空间，包括纪念品销售部、咖啡厅、展览室的协调设计，增强海洋文化体验性、海洋资源观赏性和海洋空间开放性，增强游客满意度。

## 2. 国家海洋博物馆旅游资源开发环境

### 2.1 馆区资源环境

国家海洋博物馆是我国首个国家级、综合性和公益性海洋博物馆，预计通过捐赠、购买、调拨、复制和仿制等方式，征集30万件海洋文物藏品。这些馆藏资源均是海洋博物馆旅游的重要载体，具有综合性、独特性、文化性、公益性、体验性特征。

（1）综合性主要体现在国家海洋博物馆集聚了收藏保护、展示教育、科学研究、交流传播、旅游观光等综合功能，所搜集的藏品涉及海洋地质、生物、环境、经济、军事、科技、管理甚至是政治领域（如表1所示）。

（2）独特性主要反映独一无二特性。国家海洋博物馆是我国首座海洋博物馆，也是全国到目前为止唯一一家，设计别具一格，具有不可替代性。国家海洋博物馆集聚了海洋相关的所有相关资源，展示了海洋自然和人文历史，反映了海洋自然环境和文明历史，整个馆区就像是海洋的世界，能够给予游客独特的感受与体验。

（3）文化性。国家海洋博物馆是爱国主义教育基地和海洋科技交流平台，具有深厚的文化特性。国家海洋博物馆资源反映了我国海洋文明发展历史、海洋文化积淀规律等，具有浓厚的文化内涵，展现了海洋考古文化、航海战争文化、海洋扩张文化、远洋文化以及海洋民俗文化、海洋建筑文化、海洋宗教文化、现代海洋科技文化等，有利于海洋文化的传播、正确海洋价值观以及海洋环境保护意识的形成，具有独特的文化魅力，是重要的海洋文化旅游资源。

（4）公益性。国家海洋博物馆是公益性非营利海洋文化组织机构，将对公众免费开放，同时为公众设置公共开放空间，以期为社会发展服务，形成我国海洋文化遗产和自然遗产的收藏、展示和研究中心，对于提升我国全民海洋认知能力、海洋文化知识、海洋保护意识和海洋价值观具有重要意义。

（5）体验性。国家海洋博物馆将采用“馆园结合”的方式，将博物馆教育、科研功能与海洋公园娱乐性、服务性相结合，提升馆区资源的体验价值与娱乐价值，增强区域海洋旅游资源的吸引力。

**表1　国家海洋博物馆藏品分类**

| 分类 | 备注 | |
|---|---|---|
| 海洋自然景观 | 相关海洋产品 | 海洋食品、海洋药品、多功能的海洋深加工产品及衍生品 |
| | 自然标本实物 | 海洋地质结构、矿产资源、海洋自然发展历史、古生物演化及自然环境变迁相关的标本及实物 |
| 海洋人文景观 | 海洋文化艺术 | 反映沿海居民生活习俗、文化艺术和民族宗教等方面的代表性文化人类学文物、标本及资料 |
| | 海洋历史文献 | 古今海洋发展历史的文献、资料、音像制品 |
| 海洋产业发展 | 海洋生产工具 | 海洋交通运输、渔业、盐业、勘探、石油化工、工程、旅游业等海洋产业所利用的生产工具和辅助工具 |
| | 海洋科学技术 | 与海洋科研相关的装备、设备、仪器、成果及其他实物、资料 |
| 海洋政治军事 | 海洋政治管理 | 各种海洋相关的法律、政令、布告、文书、印信的纸质或石刻资料及其他实物备；海洋执法的装备、制服及其他与维权执法活动相关的实物资料 |
| | 海洋军事管理 | 古今海洋军队作战装备、海图、制服、生活用品其他与军事要件相关的实物、资料 |

## 2.2 旅游基础环境

国家海洋博物馆位于著名的沿海开放城市和滨海旅游城市——天津。天津市拥有山、海、河、城等自然景观以及寺庙、意式建筑、纪念馆、遗址遗迹、国际商埠、民风民俗等人文景观，旅游资源类型多样。截至2013年1月，天津市开发了国家5A、4A、3A级旅游景点分别有2家、10家、22家，世界文化遗产1处，中国历史文化名城、名镇、名村3处，全国重点文物保护单位14处，国家级自然保护区3处，旅游资源集聚度和知名度逐渐提高。天津市依托自身旅游资源优势，大力发展现代旅游业。21世纪以来，天津市规模和总量持续增长，在区域经济中发挥着重要作用。2012年，天津市旅游总收入为1695.6亿元，占GDP的12.3%，共接待旅游人数约1.2亿人次，年均增长率达12.6%，拥有星级宾馆111家、旅行社388家，旅游接待设施规模和服务水平得到改善，为国家海洋博物馆的旅游开发奠定了基础。

特别是，天津滨海新区位于天津东部沿海，滨海旅游资源更具特色，包括海洋滩涂资源、生物资源、海滩、滨海湿地、贝壳堤等自然资源，以及异国建筑、博物馆、历史事件遗迹、名人故居、民俗文化、特色美食等人文旅游景观，目前已经拥有国家4A级旅游景点1家、3A级景点5家、2A级景点1家、新区“工业游示范点”16个，这些资源风格各异，对海洋博物馆旅游资源开发起到相互补充作用。天津市滨海新区旅游市场广阔，2012年接待游客1500万人次，旅游总收入达到100亿元；旅游产品体系日益完善，形成了由文化休闲、都市观光、滨海度假、商务会展、工业旅游、乡村旅游等构成的旅游产品体系；旅游交通日益完善，不仅开辟了爱国教育游、滨海新区游、滨海工业游等10余条旅游专线观光大巴，而且拥有国际邮轮码头，邮轮旅游接待能力逐渐增强；旅游项目开发力度和深度不断加大，将在“十二五”期间建设官港生态游乐园国际风情区、妈祖经贸文化园、京津海岸、天津滨海湖休闲度假旅游区、

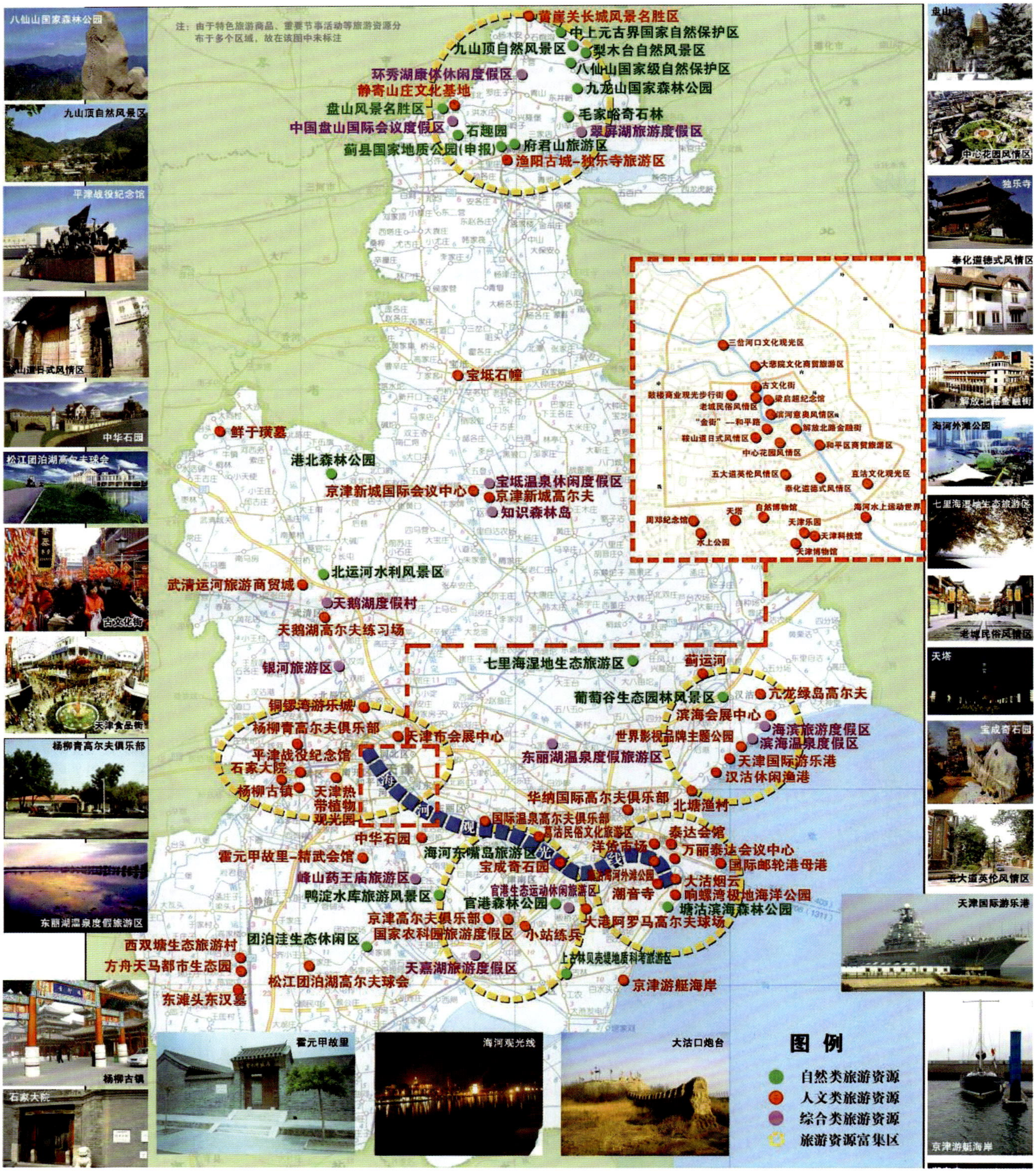


**图2 天津市旅游景区景点图**　　图片来源：天津市旅游发展总体规划（2010-2020）

天津滨海航母主题公园、中澳皇家游艇城、喜梦湾生态庄园等项目，为国家海洋博物馆旅游发展提供良好的开发环境；旅游服务体系逐渐增强，在滨海客运站、海河外滩广场、塘沽解放路金街、东疆港旅游区、航母主题公园、极地海洋世界等地设置了十个旅游咨询服务机构，并加强旅游信息服务功能，建设了天津旅游政务网、旅游资讯网和环渤海旅游网等信息服务网站，启动“12301”旅游服务热点，逐步完善游客集散

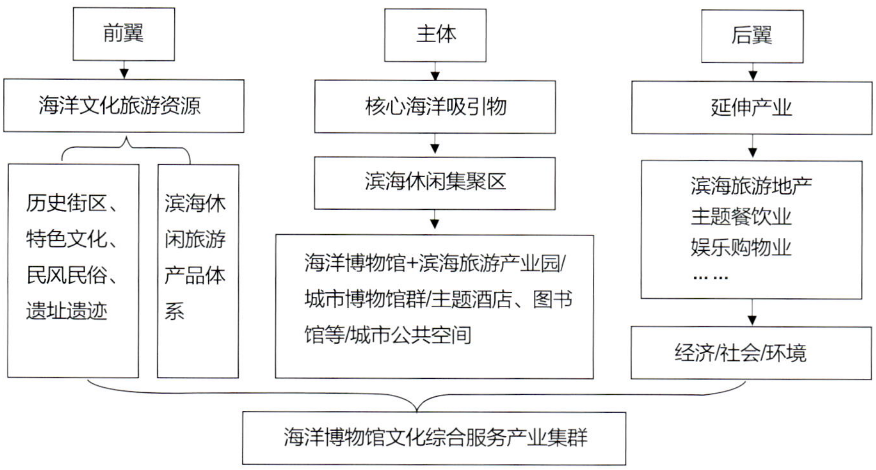


图3 国家海洋博物馆旅游综合体开发模式结构图

图4 天津海昌极地海洋世界 张正媛/摄

中心、导游服务中心和道路旅游标识系统的服务功能[2]。

## 2.3 城市供给环境

天津市拥有清新靓丽、中西合璧、古今交融的特色城市景观，城市历史文化底蕴深厚，都市经济基础雄厚，对外开放程度较高，初步形成了海、陆、空立体化综合交通体系，滨海新区能够与天津城区、北京、天津、北戴河、秦皇岛等其他地区便捷相通，拥有北方最大的国际港口，城市内外交通便利。天津位于环渤海经济区和东北亚区域中心，毗邻北京，京津“同城效应”逐渐显现，为区域海洋博物馆旅游提供了优越的区位优势和客源市场[3]。

## 2.4 政策战略环境

“十二五”时期天津市确定了建设“国际港口城市、北方经济中心和生态城市”、“独具特色的国际性、现代化宜居城市”、“宜居城市就是宜游城市”的战略目标，为滨海旅游发展提供发展动力。天津市旅游业发展“十二五”规划提出“大力发展滨海休闲旅游”，培育“中国旅游产业博览会、‘近代中国看天津’文化游、都市博览游、滨海休闲游”品牌，将滨海旅游区打造成为“工业旅游示范区、蓝色休闲度假基地、海上旅游集散地和环渤海旅游门户枢纽”的发展目标。为贯彻落实滨海新区国家战略以及旅游强市战略，天津市积极推进海洋博物馆建设、邮轮母港、极地海洋世界建设、航母主题公园、中国旅游产业园项目建设，力争打造集世界级主题公园、游艇基地、海上休闲于一体的“国际旅游目的地”，这为国家海洋博物馆旅游资源开发提供政策支持。

# 3. 国家海洋博物馆旅游的创意开发与设想

鉴于国际上海洋博物馆发展经验，结合海洋博物馆资源特性、天津博物馆旅游、海洋旅游资源开发现状，引入旅游综合体的概念，围绕国家海洋博物馆资源保护与开发，优化配置各类海洋旅游资源和产业要素，构建国家海洋博物馆旅游综合体开发模式。

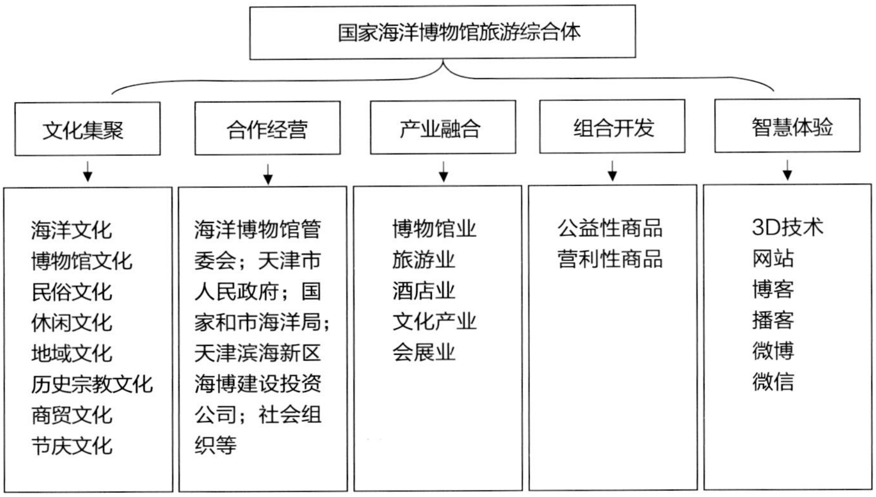


**图5 国家海洋博物馆旅游综合体运行机制**

## 3.1 国家海洋博物馆旅游综合体开发模式的概念

### 3.1.1 旅游综合体

旅游综合体是指在一定的旅游资源与土地资源基础上，以旅游休闲为导向、以休闲化消费集聚为核心动力、以设施设备配置为重要基础、以服务管理创新为保障，实现旅游产业集聚、人口集聚，度假酒店集群、综合休闲项目、休闲地产社区互动发展而形成的，主题创意化、环境景区化、产品休闲化、空间集聚化、服务社区化的旅游休闲聚集区。

### 3.1.2 国家海洋博物馆旅游综合体开发模式的含义

国家海洋博物馆旅游综合体开发模式是在旅游综合体发展理念的指导下，在特定区域范围内建立的以国家海洋博物馆为核心吸引物、以海洋文化及其衍生物为基础、以滨海旅游休闲度假为主要功能，将海洋文化资源与滨海旅游景区景点开发、旅游地产开发、滨海土地利用、滨海城市产业发展等集聚发展，促进博物馆产业、滨海旅游产业、海洋产业以及其他相关产业协调发展的博物馆式旅游综合体发展模式，是滨海城市海洋旅游的创新模式，也是海洋旅游产业集聚发展的必然趋势，对于提升区域品牌形象、推动产业结构转型、创新滨海旅游地产综合开发、强化滨海旅游休闲、体验和旅游目的地功能等方面起到积极作用。它是围绕海洋文化主题，通过海洋文化旅游资源的创新开发、整合与保护，形成集聚教育、休闲、体验、娱乐、科研和度假等功能的博物馆海洋文化综合开发区。

## 3.2 国家海洋博物馆旅游综合体开发模式的结构

国家海洋博物馆旅游综合体开发模式需要博物馆旅游产业与海洋旅游产业有机融合，设计相关要素的内在联系、互动模式和相互作用关系到这种模式功能的发挥。这里构建“一体两翼”的发展结构。

（1）“一体”主要指以海洋博物馆为核心吸引物，与天津旅游产业园、航母主题公园、滨海公园等滨海旅游资源及其开发项目，天津世博馆、未来世界馆等城市博物馆群，以及主体餐厅和城市空间组合开发，将博物馆产业与滨海旅游产业相结合，在保持海洋博物馆原有功能的基础上，科学开发休闲娱乐、旅游度假、教育科研等功能，体现人性化、个性化、开放性和公益性特征，形成博物馆式滨海文化休闲旅游产品，吸引客源市场，促使区域聚集客流、物质流、资金流，形成滨海休闲产业集聚区。这是博物馆海洋旅游综合体的主体部分，关系到博物馆海洋旅游的品牌价值和市场发展潜力。

（2）“前翼”是指针对与海洋文化相关的所有有形、无形旅游文化资源，通过景观化、生态化、艺术化等方式，打造博物馆海洋旅游的吸引物。博物馆海洋旅游综合体的开发需要在保护海洋自然资源和文化资源的基础上有效整合，以满足现代旅游者休闲度假需求为目标，依托博物馆文化、海洋文化、民俗文化等，打造独特文化形成的海洋文化资源、特色衍生物（景区、公园、城市公共空间）、滨海文化休闲旅游产品（传统街区、遗址遗迹、民俗民居等），为国家海洋博物馆旅游综合体开发模式开发奠定资源基础。

（3）“后翼”是指支持博物馆海洋旅游综合体建设、实现经济/社会和环境效益、扩大社会影响力、提升品牌价值而形成的滨海休闲地产业、主题酒店业、娱乐购物业、会议会展业等延伸旅游产业，通过市场化、产业化经营模式，将区域资源优势转化为经济效益优势，形成城市海洋博物馆文化综合服务产业集群，提升区域旅游经济实力。

### 3.3 国家海洋博物馆旅游综合体开发模式的运行机制

（1）文化集聚。海洋文化吸引物是博物馆海洋旅游开发的核心。国家海洋博物馆位于天津滨海新区，其旅游开发应依托天津市海洋文化、博物馆文化、民俗文化、休闲文化、地域文化、历史宗教文化、商贸文化、节庆文化等文化要素，形成以海洋文化为轴心的文化聚集区，这也是与当今滨海度假旅游、博物馆旅游和休闲旅游需求相契合的，这种文化差异性和独特性对于来自北京、山东、大连等周边地区的以休闲度假为目的的客源市场具有较强的吸引力，有利于传承海洋文明、重塑海洋价值观。

（2）合作经营。国家海洋博物馆旅游应借鉴国际海洋博物馆旅游开发模式，积极推进海洋博物馆管委会与政府组建部门（天津市人民政府、天津市海洋局和国家海洋局）、运营组织（天津滨海新区海博建设投资公司）、社会旅游组织的合作经营管理模式，采用多方投资、共同经营、合作管理的手段，提高海洋博物馆的资金实力、经营效益和社会效应，增强海洋博物馆的公益性、开发性、教育性等综合功能，为社区居民和游客营造良好的文化氛围。

（3）产业融合。海洋博物馆产业

**图6 烟台海昌鲸鲨馆——球幕影院**　　**图片来源：大连博涛多媒体技术股份有限公司**

发展与旅游产业相融合，突出旅游休闲功能，发挥旅游产业集群效应。利用自身海洋资源特点作为旅游吸引物和特色旅游资源，吸引游客前来观光游览，提高海洋旅游产品文化内涵，促进天津市滨海旅游产业的发展。同时滨海旅游经营管理者在制定区域旅游开发与规划的过程中，将海洋博物馆作为核心吸引物，科学布局各类旅游资源，同时为博物馆旅游者提供酒店、旅行社、旅游交通、旅游购物、旅游娱乐和景区景点设施，形成相互合作、相互促进的博物馆海洋旅游产业链，发挥规模效应。

（4）组合开发。国家海洋博物馆是一种公益性资源，但是这种资源的保护与利用需要大量的资金、人力和技术的投入，仅仅依靠政府投资难以长久维持国家海洋博物馆的政策运行。因而，需要采用国家海洋博物馆旅游综合体的开发模式，将公共产品开发与营利性产品开发相结合，既保留传统文化资源对公众的开放性，同时满足游客对相关服务、产品的需求，包括开发博物馆式旅游地产、酒店等，形成优势互补、互惠互利的模式，有利于提高公共资源的利用效率、保护海洋文化资源与环境、促进区域可持续发展。

（5）智慧体验。国家海洋博物馆旅游综合体开发模式应尝试利用现代科技手段建立3D影院、立体化展示台等，为游客提供讲解、展示、体验、接待等综合服务，通过娱乐性和体验性的方式寓教于乐，宣传海洋文明以及海洋污染和破坏行为，唤起人们热爱海洋、保护海洋的意识。同时构建国家海洋博物馆数字化平台，与天津市旅游政务网、旅游资讯网、信息咨询中心和数字化服务客服端等相衔接，利用网站、博客、播客、微博、微信等新媒体渠道，为公众提供及时性、动态性、智能性和全面性信息，提高海洋博物馆旅游综合体的智慧化服务水平，增强海洋博物馆智慧旅游体验。

## 4. 国家海洋博物馆旅游综合体开发模式的保障措施

国家海洋博物馆是中华民族海洋文明的集中代表，承担着重塑中国海洋价值观的重任，将会是我国海洋旅游的重要旅游目的地。但是博物馆藏品具有易损性、易耗性和不可再生性，开展海洋博物馆旅游综合体开发必须以资源保护为前提，对海洋博物馆藏品以及文化资源进行制定性保护、自觉性保护和技术性保护[4]。

### 4.1 制度性保护

首先，主管部门应颁布严格的规章制度，强化资源保护意识，规定海洋博物馆资源的征集、运输、技术处理、保存方法、展示利用等管理环节与流程，形成海洋博物馆管理和服务标准。明确各相关企业的权利和义务，加强对海洋博物馆经营企业的法律监管和社会监督，设立奖惩措施以及文物质量保证金制度，对企业的经营行为进行约束。制定合理的利益分配标准，促使国家、企业、员工、文物保护的均衡分配。科学编制海洋博物馆旅游资源发展规划，充分借鉴国内外海洋博物馆保护旅游资源的经验，制定海洋博物馆旅游资源可持续发展方案、游客行为规范，如在开馆初期应以征集藏品为主要任务，日接待能力控制在7000人次/天，开馆中期以扩展展区项目、提升服务为主，日接待量适当扩大，开馆后期将以馆藏资源维护和研究为主，日接待量有效控制，避免超载现象，协调处理资源开发与保护的关系。

### 4.2 自觉性保护

塑造海洋文化价值观和树立海洋文明意识是国家海洋博物馆建设的重要目标。应通过宣传资料、视频教育、示范教育等方式对游客、旅游从业人员和社区居民进行良性

图7 烟台海昌鲸鲨馆——虚拟水幕“美人鱼水舞”　　图片提供：大连博涛多媒体技术股份有限公司

引导，发挥社区居民的参与性和监督性，将海洋保护意识融入旅游讲解、旅游参观的整个过程和日常生活当中，提高全民海洋认知，形成自觉保护意识。

### 4.3 技术性保护

海洋博物馆文物资源的保存需要先进的科学技术投入和支持，科学设置相关设施设备和养护环境。这需要与相关科研院所加强合作，实现企业与科技的良好合作；与国际海洋博物馆建立友好往来关系，实现在经营方式、科学研究及保护等方面的交流与合作。同时应引进大量专业科学技术人员和高层次服务人员，提供专业技术服务的同时，提高服务质量。

**参考文献**

[1] 刘娜．锦州海洋博物馆的设计与研究 [D]. 沈阳理工大学，2011.

[2] 王克婴．博物馆之都：天津创意城市建设的模式选择 [J]. 城市发展研究，2010,17(4)：1-4.

[3] 石玉．天津滨海新区旅游开发研究 [D]. 天津大学，2010.

[4] 韩爱霞．我国博物馆旅游创新开发模式研究 [D]. 山东师范大学，2009.

# 从大堡礁旅游看澳大利亚的海洋旅游立体开发

# Development of Australian Marine Tourism: the Great Barrier Reef Case Study

文 / 王 琢 范业正 丁培毅

**【摘 要】**

澳大利亚大堡礁是澳大利亚旅游的核心吸引物之一，而广阔的面积、生物多样化、生态脆弱性，让大堡礁的海洋旅游开发面临着与众不同的挑战。大堡礁的旅游从业者，因地制宜设计了海、陆、空、水下的全方位的立体开发模式，并在一系列认证的指导下，保证了旅游开发的可持续性，对其他地区的海洋旅游开发具有积极的参考意义。

**【关键词】**

澳大利亚；大堡礁；海洋旅游

**【作者简介】**

王 琢 博士，澳大利亚智慧旅游促进会高级分析师

范业正 博士，中国旅游人才发展研究院副院长

丁培毅 博士，澳大利亚格里菲斯大学旅游孔子学院副院长

## 1. 引言

澳大利亚东北海岸的大堡礁(Great Barrier Reef),自澳大利亚大陆北部约克角(Cape York)绵延向南至南回归线附近的弗雷德岛(Fraser Island)(图1),从昆士兰海岸的浅海地带到大陆架边缘,长约2011公里,最宽处有161公里,共计2900余个大小珊瑚礁岛,总面积约347800平方公里。在整个大堡礁世界遗产地域空间内,有97.7%的面积属于大堡礁海洋公园(the Great Barrier Reef Marine Park),1.7%隶属于海洋公园外的昆士兰水域大堡礁,另有0.6%属于库昆士兰所属岛屿(Great Barrier Reef Marine Park Authority, 1999)。

大堡礁临近的城市由北向南有库克城(Cooktown)、凯恩斯(Cairns)、汤斯维尔(Townsville)、麦凯(Mackay)、罗克汉普顿(Rockhampton)和格拉德斯通(Gladstone),其中凯恩斯近几年由于交通枢纽的建设和完善,逐渐取代汤斯维尔,成为旅游乃至国际旅游市场探寻大堡礁的主要的目的地依托城市和重要的交通枢纽。

大堡礁自然景观非常特殊,是世界最大的珊瑚礁区,有世界最丰富的超过400余种的珊瑚资源,有1500种鱼类,4000多种软体动物,以及240余种聚集的鸟类。在全澳40余处世界遗产中,大堡礁凭借海洋生物的多样性、独特的自然海洋景观,在1981年作为澳大利亚第一个世界遗产列入自然遗产名录,也是世界面积最大的世界遗产,被称作世界七大自然奇观之一(邓明艳,2005)。它是濒

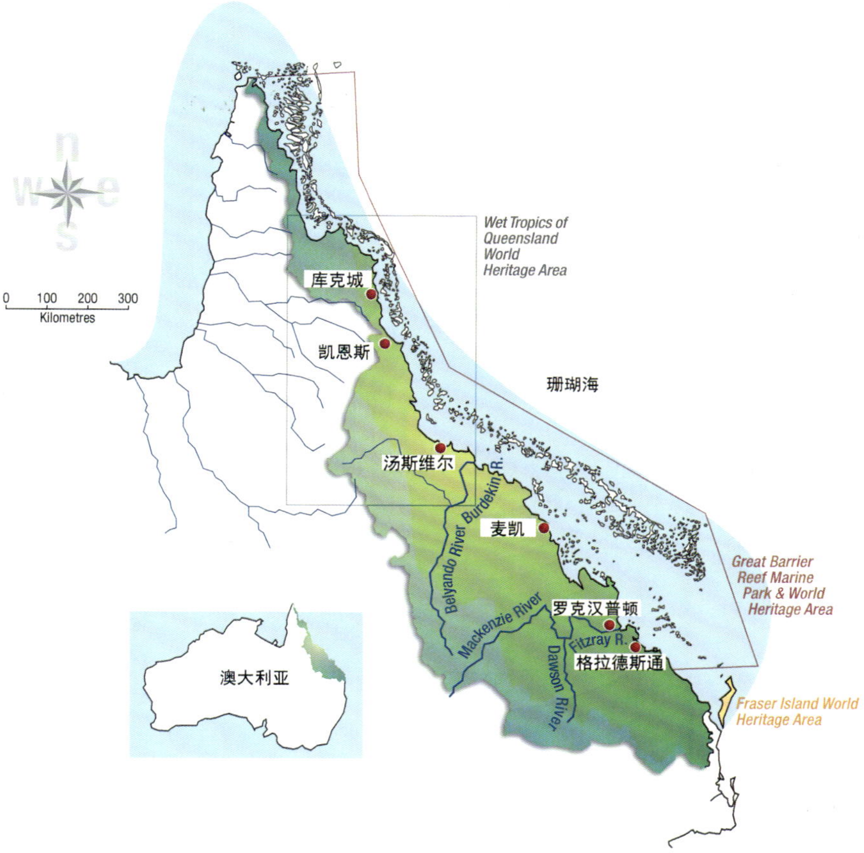


**图1 大堡礁区位示意图** **图片来源:** Cavalli (2012)

**图2 大堡礁鸟瞰图** **图片来源:** Tropical North Queensland Tourism

危的海牛（儒艮）、巨型绿龟的栖息地，因为独特的科学和生态价值，被众多自然科学家选作研究课题；而大堡礁作为澳大利亚旅游业的重要吸引物，每年吸引大量国际和国内游客前往观光、休闲和度假，旅游的开发模式、可持续发展与保护、环境解说、管理模式话题，一直是旅游学界各国学者们关注的重点。

**图3 大堡礁空间区位图**　　**图片来源：greatadventure.com.au**

## 2. 旅游开发的挑战

由于面积巨大、景观多样、生态脆弱、利益相关者众多等问题，传统的水上旅游观光和成熟的海岸旅游体验项目，甚至自然遗产常用的旅游开发模式，不足以适应大堡礁地区的旅游业，大堡礁旅游也从一开始就面临着不同的挑战。

### 2.1 旅游区域巨大

整个大堡礁世界遗产地域空间，总面积约347800平方公里，比江苏、浙江、上海和安徽面积之和略大，接近于云南省面积，在如此大面积的海洋旅游目的地中，从就近的旅游城市到大堡礁的核心区，让游客能够看到具有代表性的大堡礁的景观，往往需要几个小时不等的海上游船航行时间。

以凯恩斯为例，从凯恩斯游船码头到最近的可以看到大堡礁边缘的绿岛(Green Island)，距离27km，游船航行时间约50~60分钟；而前往一般旅游宣传中的外堡礁（Outer Reef）如诺曼礁（Norman Reef），通常需要2~4小时不等的单向航程(图3)。

在如此大尺度的旅游目的地中，依靠传统的旅游交通工具，不能解决游客需要的景区内的交通位移问题，这让大堡礁旅游经营者一开始就面临着与传统旅游目的地不同的挑战，需要考虑不同的应对措施。

### 2.2 旅游景观多样

大堡礁拥有旅游、渔业、科研和土著文化资源，以及丰富的原油、矿产和天然气等能源，仅从旅游相关研究看，大堡礁每年约吸引200万左右游客前往旅游(邓明艳, 2005)，有超过45亿澳元的旅游创收。

大堡礁的旅游景观主要有：海洋、海岛、海岸、海底礁群、海洋生态和鸟类等几大类，每一部分都是大堡礁旅游的重要组成部分，到大堡礁旅游的游客，对访海岛、看海鸟、观珊瑚、坐游轮，以及潜水、浮潜、水下观光等都有多重需求，而需求实现需要多样化的旅游产品和服务对接。

### 2.3 生态相对脆弱

大堡礁的成因是无数的珊瑚虫，月350多种，从海水中吸取碳酸钙，形成石灰质外壳，无数外壳累积起来变形成珊瑚礁(张娟娟, 2004)。并且珊瑚虫与微生物虫黄藻共生与石灰质外壳中，虫黄藻进行光合作用，而珊瑚虫吸收其光合作用产物。造礁珊瑚对生活环境非常敏感，一般在25~29℃的热带浅海最为茂盛，地域18℃或者高于适宜温度，珊瑚虫难以生存(李功发, 2011)。

而与珊瑚礁息息相关的海绵、海葵、海参、还鞘、海蛇、水母以及多种鱼类、虾类，珊瑚礁外的深水区还有鲨鱼，以及海豚和鲸鱼等大型哺乳动物，珊瑚岛也是大堡礁地区海鸟重要的栖息地。在这个巨大的生态链中，珊瑚虫的脆弱导致了整个生态链的脆弱。

而与旅游相关的开发与保护的常年争论，也一直让游客的旅游行为对大堡礁地区脆弱的生态系统的影响处于良好的监控范围，旅游相关部门对旅游产品开发、服务商介入以及监督和管理一直有非常严格的限制。

### 2.4 利益相关者众多

大堡礁空间范围巨大，与旅游开发关联的有多重利益相关者，如运输、海洋、旅游、生态、国家公园、航空、矿业等多个部门。面对多重利益相关者的不同利益诉求，开发适合的旅游产品，并在开发和运营中注重资源保护和协调多重利益方关系，是大堡礁旅游的挑战之一。而由1975年澳大利亚联邦成立的大堡礁海洋公园管理局（Great Barrier Reef Marine Park Authority）制定的分区管理、地点计划、敏感关键区域特别战略等行动计划(邓明艳, 2005)，让合理的范围内允许一定强度的旅游开发，海洋公园管理局的协调和管理，让大堡礁地区的资源开发和保护能够在众多的利益相关者，合理整合利益，并积极调动参与。

## 3. 立体开发的实践

针对大堡礁旅游开发的诸多挑战，在旅游实践中，各个旅游产品和服务提供商，从实际游客需求出发，设计并运营了一批具有大堡礁地域特色的立体旅游产品，给游客提供了多重旅游体验。

### 3.1 游轮体验

大堡礁游轮体验（Cruising）是大堡礁非常有特色的主打旅游产品，目前在凯恩斯、汉密尔顿、降灵群岛有大猫号、大冒险号、阳光恋人号、银梭号、降灵游轮号等几家游轮公司，提供一日到多日不等的游轮服务。不同于长途游轮产品，大堡礁游轮提供的观光多基于大堡礁海洋旅游，看珊瑚礁、观海洋动物、品尝自助海鲜是其特色，而且大堡礁的游轮产品都会在海上平台进行短暂停留，给游客预留足够的时间，体验潜水、浮潜、游泳、日光浴、直升机观

**图4 大堡礁生态多样性**

图5 大堡礁旅游游轮项目　图片来源：whitesunday、Cairns网站

图6 水下摩托车　图片来源：greatadventures.com.au

图7 水肺深潜　图片来源：Reefworld

光、海底摩托车等多种项目。

除上述常规游轮产品，大堡礁的旅游服务商还针对大堡礁地区特殊的景观设计了黄昏游轮产品、海岸游轮产品等不同的主题线路。而以海岛为依托的海洋旅游产品中，从小体量到大体量的帆船类游轮短途和多日体验因独特的造型和特殊的海上体验，成为受欢迎的产品，也成为大堡礁游轮体验的重要组成部分。

## 3.2 水下体验

大堡礁海洋水质有较高品质，对游客而言，可视性和可观赏性非常高。大多数游客前往大堡礁，都会深度体验大堡礁的海洋旅游产品，例如浮潜（Snorkeling）、水肺深潜（Scuba Diving）、水下摩托车（Underwater Motocycle）等水下体验项目。但是由于水下活动容易对敏感的珊瑚虫生存环境造成影响，进而波及脆弱的珊瑚生态，在旅游开发和实际运营中，一直都有非常严格的准入条件和流量监督控制。

## 3.3 海底酒店

目前在以迪拜为代表的城市，

出现了一批高端海底酒店，如迪拜的海底酒店（The Water Discus）、马尔代夫的希尔顿海底餐厅（The Conrad Maldives Rangali Island）、福罗里达州朱利斯海底酒店（Jules' Undersea Lodge），以及斐济五星级海底酒店（Poseidon Undersea Resorts）。

澳大利亚对海洋生态开发有相对严格的管理和约束，特别对作为世界自然遗产的大堡礁的旅游开发和保护有非常成熟的管理机制，在核心区严禁永久性建设的限制下，目前只有靠近大堡礁的风帆世界（Reef World）。风帆世界是有英国建筑设计公司设计的漂浮酒店配合部分水下Spa的综合设施，水下部分有配有玻璃墙浴室的8个套间，给游客提供与众不同的水下体验，以及珊瑚海夜晚住宿体验（图8）。

### 3.4 海岛开发

大堡礁地区有诸多的海岛，以绿岛(Green Island)、翡翠岛（Fitzroy Island），以及降灵群岛的汉密尔顿岛(Hamilton Island)、海曼岛(Hayman Island)的旅游最为著名。特殊的生态环境以及严格的可持续理念的实施，大堡礁地区的海岛上酒店普遍体量小、密度低、但相对高端。海岛上以生态旅游产品为主。

以汉密尔顿岛为例，为旅游开发了不同的功能区：如进出海岛的集散中心，综合了商业机场、进入其他岛屿的具有中转服务功能的码头岛屿，以及集中式度假和住宿接待功能；岛屿保护区，只开展徒步活动（bush walking）；相对开阔的缓丘区，设置飞机起落平台，开展直升机或小型飞机海岛观光，以及高尔夫练习场、卡丁车、射击中心、滑翔体验；生活社区功能的游艇码头区，设计了一定数量的泊位、餐厅和咖啡店等餐饮设施、邮局、银行、夜店和酒吧、药店、零售店和商店；海滩区是另一个具有生活社区功能的区域，设计有会所、酒店和度假公寓、游泳池、餐饮设施、商店、会议中心、艺术馆等；私密性较强的岛屿空间，设计了豪华住宿接待设施；临近岛屿设计有18洞高尔夫球场和高尔夫会所。

通过这样多功能的设计，从大众游客到高端奢华游的细分市场，

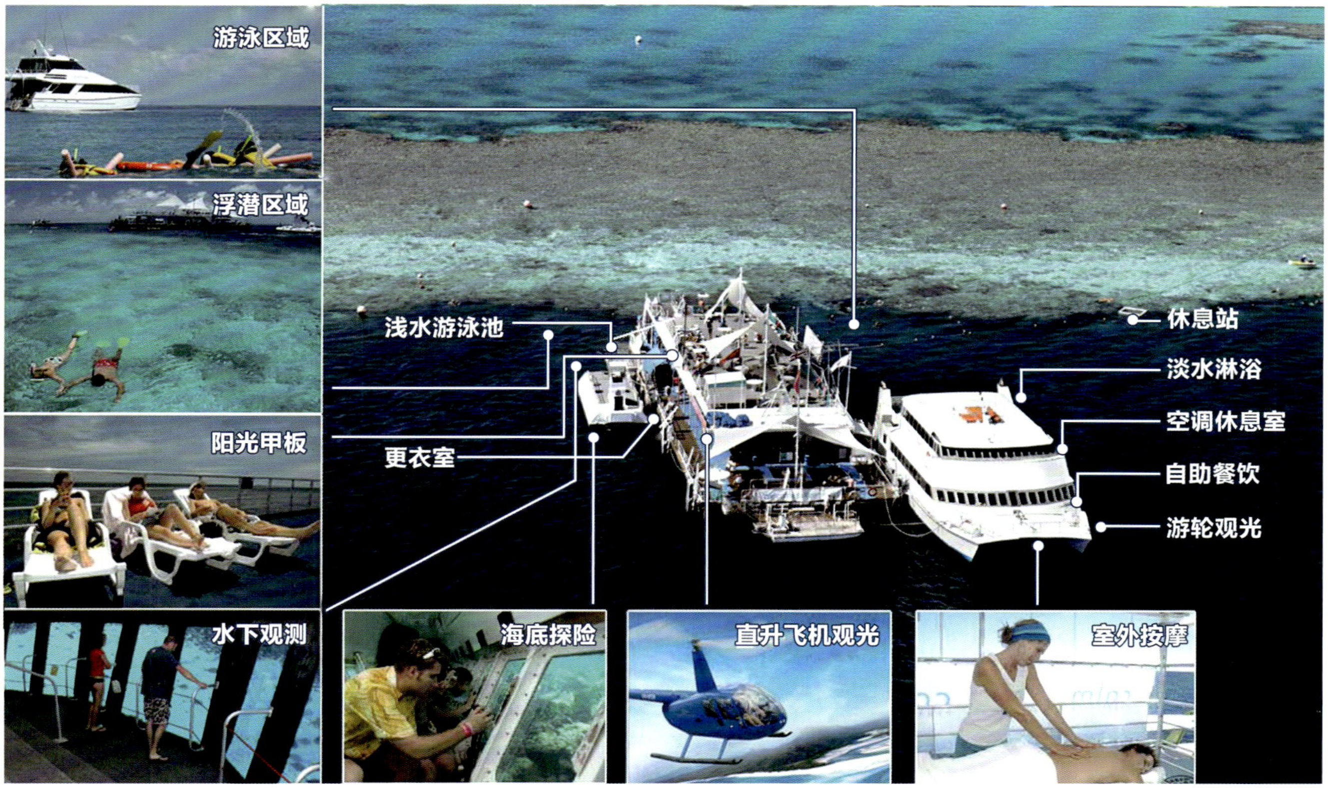


图8 风帆世界的综合旅游设施

图片来源：根据reefworld提供资料制作

图9 心形大堡礁空中观光

图片来源：hamiltonisland.com.au

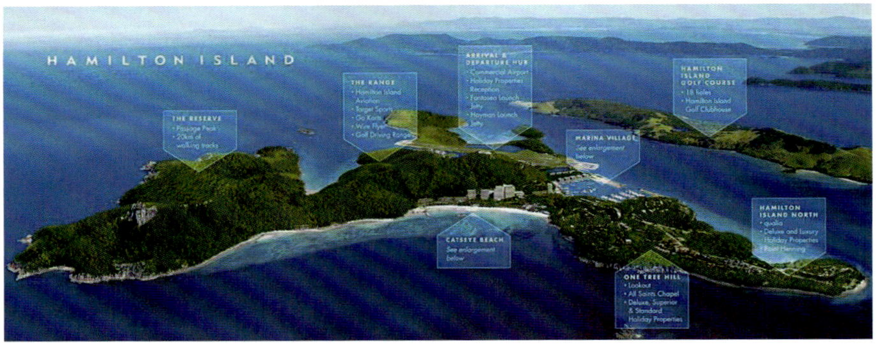


图10 汉密尔顿岛的岛屿开发示意图　　图片来源：hamilton-island-australia.com

不同游客都有相对适宜的旅游产品、设施和服务供其选择。

## 3.5 空中观光

大堡礁的空中观光，是其旅游立体开发的重要补充，解决了大尺度空间旅游产品的难题。目前主要的空中观光产品有直升机大堡礁观光，以及热气球(Hot air Balloon)的海岸观光。部分地区由于保护标准的严格、空间距离、观测视角、环境容量的限制，直升机是唯一的观赏途径，例如图中心形大堡礁，目前只能选择空中欣赏。

## 3.6 海陆互动

大堡礁旅游立体开发中，非常全面的考虑到了海陆互动，解决了水性较差的游客的旅游体验问题。如在近海岸地区，旅游体验，以海岸为依托，体验海洋珊瑚礁旅游；在海岛地区，以海岛为中心，辐射进行海洋旅游体验；而在外堡礁地区，则有以漂浮码头、风帆世界(Reef World)为代表的海上服务平台，承担了海洋上的小集散中心的任务。这类海上平台起到的小陆地集散中心，提供给游轮临时停靠、游客休闲和体验水下产品的中转服务。

如图11的一处代表性的外堡礁水上服务平台，设计有非常完善的休闲、娱乐、餐饮、安全监控、服务区，以及衔接海上观光直升机、海底深潜、浮潜、半潜入式观测等活动的区域。而海上风帆代表的新一代功能型水上休闲类服务平台，则除了上述服务区外，增加了水下的Spa体验区，提供给游客住宿、休闲等更多的体验。

## 3.7 认证体系

由于大堡礁生态体系的脆弱性和特殊性，大堡礁海洋旅游的服务商有较严格的遴选标准和准入机制，需要通过多项相关认证和标准。

●生态旅游认证（Eco—Certification）是世界第一个针对生态旅游模式的认证。澳大利亚在1996年于全球旅游业中第一个创立并实施了环境认证，并在2003年修订成为生态认证计划(NEAP III) (蔡尚惪, 杨正泽, 卢慧真& 陈泰安, 2006)，认证了超过400余家合格的生态旅游产品(钟林生, 郑群明& 石强, 2005)。而生态旅游认证项目，也通常最为澳大利亚旅游的旗舰产品，为游客提供原汁原味的澳大利亚旅行、景点、游轮、住宿等产品，以及有效的品质和环保承诺(Ecotourism Australia, 2013)。与大堡礁旅游和旅行相关的产品和服务，对生态和可持续要求尤其严格，在产品宣传和网站等显著位置，均能看到绿色的认证标志。

●T-QUAL，澳大利亚政府旅游质量认证国家标志，由澳大利亚旅游质量委员会、原澳大利亚资源、能源和旅游部、澳大利亚旅游局携手推动建立(丁宁, 2013)。具有T-QUAL标记认可的旅游产品和服务，保证了旅游预期能得到满足、旅游选择物超所值、旅游体验优质高标准，如遇旅游投诉能得到妥善处理。大堡礁旅游产品大多经过了T-QUAL的严格评估，具有提供优质体验的实力，也为游客解决了购买后顾之忧。

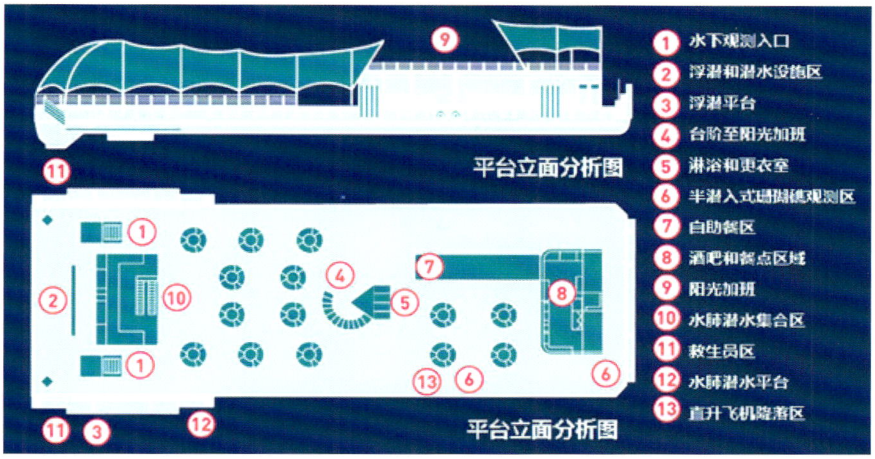


**图11 外堡礁服务平台立面和俯视图** **图片来源：根据Greatadventure.com.au提供资料制作**

以生态旅游认证和澳大利亚政府旅游质量认证为代表的认证体系，让大堡礁的旅游立体开发能够有序、有效地进行，也让大堡礁旅游作为澳大利亚海洋旅游产品开发的典范，有了政策和规范上的标准和约束，为海洋旅游立体开发的标杆作用，从政策环境上也提供了可以参考的依据。

## 4.前景展望

随着大堡礁依托的旅游中枢城市凯恩斯城市功能的增强和新一轮旅游基础和配套设施的兴建，未来在昆士兰地区将形成双极城市中心格局，特别以“世界上最好的工作”为代表的一批营销实践的推动，大堡礁的知名度日渐增强，大堡礁的旅游业将有更好的发展。

然而，作为未来海洋旅游的威胁之一的全球气候变暖和温室效应，将给大堡礁这一自然世界遗产未来发展旅游带来非常大的威胁。珊瑚虫对温度的敏感，以及环境的变化导致珊瑚虫大面积死亡的可能性，曾让科学家预言，如果地球温度逐渐上升，那么20年后大堡礁将消失。核心吸引力一旦丧失，将对大堡礁旅游业造成重大的打击。所以在开发大堡礁的海洋旅游产品的同时，如何可持续利用，将关系到未来整个大堡礁旅游业的动向。

# 海滨城市休闲渔业发展研究——以舟山普陀区“渔家乐”为例

# Research on Recreational Fishery Development in Coastal Cities — "Fishermen's Pleasure" in Putuo, Zhoushan

文 / 董鸿安

**【摘 要】**

以海港旅游城市舟山市的滨海区普陀区“渔家乐”发展为例，从其内涵剖析入手，分析了普陀区“渔家乐”发展现状，提出了转变经营理念、加强统筹协调、注重海岛特色、强化宣传促销等促进滨海区域休闲渔业经济发展的建议。

**【关键词】**

休闲渔业经济；滨海区域；“渔家乐”旅游；普陀区

**【作者简介】**

董鸿安　宁波职业技术学院国际商贸系主任，副教授

**图1 舟山海域帆船**
**图片来源：畅游舟山网 郑宝森/摄**

## 1. 引言

近年来，随着海洋捕捞强度增大，渔船严重过剩；渔业资源不断衰退，传统经济鱼类鱼汛消失；尤其是200海里专属经济区的实施，中日、中韩渔业、国际海洋公约等协定的鉴定和生效，海洋传统渔业面临前所未有的困难，迫使渔区加快渔业结构战略性调整。面对海洋捕捞困境，加快渔业结构调整，发展休闲渔业无疑是一条重要的出路。2011年6月30日，国务院正式批准设立浙江舟山群岛新区，这是国务院批准的我国首个以海洋经济为主题的国家战略层面新区。本文以海港旅游城市舟山市的滨海区域普陀区的“渔家乐”发展个案研究为例，探讨滨海区域的休闲渔业资源开发与产业发展，不仅对具有18000公里大陆海岸线的广大滨海区域渔业经济可持续发展、促进渔业产业结构调整具有一定的启示和借鉴意义，而且对实施国家区域发展总体战略和海洋发展战略，加快转变浙江经济发展方式、建设海洋经济发展示范区，也具有现实指导意义。

## 2. 我国休闲渔业经济发展状况

### 2.1 休闲渔业的内涵

休闲渔业（Leisure fisheries）自20世纪60年代开始，在一些经济较为发达的沿海国家和地区迅速崛起，并随着时代的发展，被赋予不同含义。美国休闲渔业的含义相对狭窄，只包括以娱乐或健身为目的的渔业行为，含陆上或水上运动垂钓、休闲采集、家庭娱乐，以别于商业捕鱼行为，但并不包括渔村风情旅游的内容，这种渔业行为在美国和西方国家一般被称为娱乐渔业（Recreational fisheries）或运动渔业（Sport fishing）。宝岛台湾经济学家江荣吉教授曾对休闲渔业下这样一个定义：“休闲渔业就是利用渔村设备、渔村空间、渔业生产的场地、渔法渔具、渔业产品、渔业经营活动、自然生物、渔业自然环境及渔村人文资源，经过规划设计，以发挥渔业与渔村休闲旅游功能，增进国人对渔村与渔业之体验，提升旅游品质，并提高渔民收益，促进渔村发展。”换句话来说，休闲渔业就是利用人们的休闲时间、空间来充实渔业的内容和发展空间的产业。这种定义在中国大陆得到普遍认可，现已成为当前国内渔业旅游发展的代名词。

本文提到的“渔家乐”实质是一种“休闲渔业”的发展模式之一。它是以渔民为市场经营主体，以渔民所拥有的渔船、庭院和海岛资源为依托，以服务游客为手段的渔村家庭经营方式。与其他旅游项目相比，“渔家乐”旅游项目具有投资少、见效快、风险小、平民化、乡土气息浓郁等特点。

### 2.2 我国休闲渔业发展概况

相比西方发达国家，我国休闲渔业的发展起步较晚，只经历了十

**图2 沙滩拉网**
**图片提供：南麂列岛国家海洋自然保护区管理局 黄喜旦/摄**

**图3 浙江省平阳县南麂列岛新码头渔排**　　**图片提供：南麂列岛国家海洋自然保护区管理局 黄喜旦/摄**

几年的时间，仍处于初步发展时期。2000年国家农业部第一次将发展休闲渔业写入了政府工作要点，做出了关于调整渔业产业结构的部署。《全国海洋经济发展规划纲要》也提出“要把渔业资源增值与休闲渔业结合起来，积极发展不同类型的休闲渔业”。近年来各地政府的大力扶持，使得休闲渔业得到快速发展，广西、福建、山东等省区纷纷提出要大力发展休闲渔业。从我国的自然水域环境、国民经济、文化生活水平及国外发展状况来看，休闲渔业在我国的发展仍具有很大的发展潜力和空间，只要合理利用优良的环境，遵循科学发展规律，休闲渔业将有广阔的发展前景。

## 3. 海港城市滨海区域发展休闲渔业的意义

### 3.1 有利于拓宽滨海城区旅游发展新领域

休闲渔业以调剂精神、休闲娱

乐为中心，突出强烈的体验性、需求的个性化，游客滞留时间长，重游率高，合理设计则可增加区域旅游资源，适应旅游市场逐步细分化的要求，拓宽区域滨海旅游发展的新领域和新空间。

### 3.2 有利于调整滨海区域渔业产业结构

在“海小、船多、鱼少”矛盾日益加剧的严峻形势下,依托海域、渔业资源和旖旎的自然、人文景色等优势,发展休闲渔业,既能改变目前渔业一、三产业比例失调、渔民就业结构相对单一的格局,又能减轻海洋捕捞的压力，促进海洋渔业资源的保护和恢复,实现渔业结构战略性调整。

### 3.3 有利于改善滨海城区环境质量

休闲渔业不仅依靠富有特色的资源、多样化的参与活动、原汁原味的生活方式吸引休闲游客，优雅愉悦的自然环境也是重要的吸引因素。日本多年的海滨旅游发展实践证明，休闲渔业更加强调“生产、生活、生态”的协调发展，它不仅增加了经济收入，丰富了生活，而且也推动了区域环境整治，美化了生活空间，提高了生活环境质量，客观上对发展生态旅游、保护生态环境起到了促进作用。

### 3.4 有利于促进相关产业的发展

休闲渔业是第一产业和第三产业的结合体，具有强烈的产业辐射功能，通过水产产业链向其他行业的延伸并与之相耦合，使其他相关行业增加了新的特色，内容更为丰富。它的发展不仅有利于壮大自身渔业领域的产业经济，而且还容易带动全社会其他相关产业的发展。

## 4. 海港城市滨海区域休闲渔业发展个案分析

### 4.1 区域休闲渔业的发展布局

目前，舟山市共有休闲渔业项目38个。其中，普陀区蚂蚁岛休闲渔业基地、半岛渔乐园休闲渔业基地、富田园休闲渔业基地、普陀塘头休闲渔业基地等基地已经通过了浙江省海洋与渔业局、浙江省旅游局组织的专家验收，并成为全市首批省级休闲渔业示范基地。据统计，到2009年底，普陀区的“渔家乐”、海岛风情观光、海钓等休闲渔业现有从业人员近1000人，“渔家乐”、海钓俱乐部游船和海钓蹬礁船达100多艘。休闲渔业年人均收入近11000元。同时，与休闲渔业相关的钓具制造销售、旅游餐饮、娱乐场所等服务设施得到了长足发展，已成为普陀渔民增收致富的捷径。

### 4.2 区域休闲渔业的项目类型

目前，普陀区的休闲渔业呈多样化的发展趋势，纵观全区的休闲渔业项目经营方式，归纳起来有以下四种类型：

一是垂钓休闲型。海钓作为一项重要的休闲渔业项目，素有“海上高尔夫”之称，特别是近年来推出的大众海钓是一项正在兴起的海钓经济，也是一项全新的产业。与此同时，为增强该项目的休闲与娱乐性，迎合人们返璞归真、亲近自然，享受自然的愿望，使游客能在享受海钓乐趣的同时体验到渔家风情和淳厚的海岛人文气息，把海钓和饭店宾馆餐饮业及渔家乐活动结合起来，使之既可“钓”，也可“食”，又可“乐”。

二是海洋游览观光型。为了拓展旅游精品的内涵，满足游客的“眼福”，结合海洋旅游成功举办了中国南海观音节、舟山中国国际沙雕节及民间民俗大会、亚细亚国际友好钓鱼比赛、“白沙杯”海钓邀请赛等一系列具有舟山特色和深厚文化底蕴的节庆活动，使游客既能享受到旅游的乐趣，又能体验到海洋文化的情趣。

三是海鲜品尝购物型。近年来普陀区充分发挥舟山海鲜品“鲜、活、优”的优势，大力发展以品尝海鲜、休闲、购物为一体的滨海休闲观光渔业。此外，以中国舟山国际水产城为基础，建成了集活水产品专区、冰鲜水产品专区、干水产品专区、旅游纪念品专区等一体的休闲购物中心，为游客采购海鲜及旅游纪念品提供了一个理想的场所，深受国内外游客的青睐。

四是渔家风情体验型。充分利用渔区的渔船、渔具设备和专业渔民的技能以及渔港、渔业设施和村舍条件，让游客直接参与张网、流网、拖虾、笼捕、海钓等形式的近海传统小型捕捞作业，和渔民一起亲身体验渔民生活，享受渔捞乐趣，领略渔村风俗民情。如先前蚂蚁岛体验渔民生活项目的推出，开辟了普陀甚至全市休闲观光渔业的先河，还有后来居上的白沙岛推出“渔家乐”休闲观光渔业一日游项目，更使普陀的休闲渔业项目上了一个新台阶，得到了

表1 舟山与全国、全省、宁波、台州海洋资源比较

| 2010年 | 单位 | 全国 | 浙江 | 舟山 | 宁波 | 台州 |
|---|---|---|---|---|---|---|
| 陆地面积 | 万平方公里 | 960 | 10.18 | 0.144 | 0.9817 | 0.9411 |
| 海域面积（内水和领海） | 万平方公里 | 37 | 4.24 | 2.08 | 0.9758 | 0.69 |
| 海域面积（含经济专属区） | 万平方公里 | 300 | 26 | 11 | | 8 |
| 海岛资源 | 个 | 7600 | 3089 | 1390 | 531 | 687 |
| 海岸线总长 | 千米 | 32000 | 6486 | 2444 | 1562 | 1660 |
| 深水岸线（10米以上） | 千米 | 1518 | 506 | 279.4 | 170 | 30.75 |

注：数据主要来源于国家、省、宁波和台州市政府网站。

表2 2005-2010年舟山市海洋经济三次产业结构

| 年份 | 三次产业比例 |
|---|---|
| 2005 | 20.2：42.5：37.3 |
| 2006 | 17.5：45.6：36.9 |
| 2007 | 14.9：49.1：35.9 |
| 2008 | 13.2：52.4：34.4 |
| 2009 | 11.9：54.5：33.6 |
| 2010 | 13.3：54.8：31.9 |

注：根据舟山市政府统计局网站相关数据整理而成（2005-2010）。

完善与发展。

## 4.3 区域发展休闲观光渔业的条件分析

第一，优越的区位条件和丰富的海洋旅游资源。舟山群岛位于我国海岸线的中心，地处长江、钱塘江、甬江三江入海口，背靠江、浙、皖、鄂辽阔腹地和上海、杭州、宁波等长三角经济合作发展群，具有显著的区位优势。舟山海域面积2.08万平方公里，占到全省海域面积的49.1%，占到全国的5.6%；岛屿个数有1390多个，占全省海岛数的45%，占全国的18.3%；海岸线总长有2444公里，占全省海岸线的37.7%，占全国的7.6%。舟山港域内规划港口岸线总长约279.4公里，适宜开发建港的深水岸线245.8公里。其中水深大于15米的岸线长200.7公里，水深大于20米的岸线103.7公里。蜿蜒曲折的海岸线，排列着众多宽阔洁净的沙滩；20959平方公里的海域蕴藏着1163种海洋生物，其中100多种具有较高经济价值的鱼类在此繁殖、生长（见表1）。

第二，海洋渔俗文化底蕴深厚。据出土文物考证，早在公元前4500年间普陀主要的几个岛屿就有人类居住，从事采捕鱼贝类活动，并在长期的生产、生活活动中，创造出丰富多彩的海洋文化。现代以大海、海岛、渔船、渔家和鱼、虾、蟹、贝、藻类为素材，经渔民想象、构思和提炼，绘制出色彩斑斓、画面奇特的东极渔民画；以渔民自编、自演、自唱的渔民剧和以观音文化为核心的中国普陀山南海观音文化节等节庆活动；以阳光、海浪、沙滩为主题的中国舟山朱家尖国际沙雕节；以鱼、虾、蟹等水产品为原料烹调出的佳肴名菜，如“三抱鳓鱼”、“呛蟹”、“糟鱼”等早被人们所青睐，而且这些鱼虾烹制的名菜还蕴含着耐人寻味的文化情趣。

第三，游客对休闲渔业的需求日益增加。随着人们对旅游的需求日趋强烈，亲近自然，体验乡村生活的休闲旅游已成为21世纪的时尚行为。2009年舟山连岛大桥的通车，预示着大桥经济时代的到来，普陀区也将进入“半岛时代”，并且随着网络的发展、信息的加快，进出海岛的游客也将会越来越多。2010年，舟山市海洋旅游呈现出旺盛的发展态势，特别在大桥通车效应和上海世博会举办等因素的有力促进下，全市实现旅游接待人数2139万人次，比2000年增长3.7倍，十年年均增长16.6%，其中，接待国际旅游者25.68万人次，比2000年增长3.2倍。

第四，发展休闲渔业已引起各级政府的高度重视。休闲渔业是普陀区旅游业的重要组成部分，发展休闲渔业已引起各级政府的高度重视。浙江省将投入巨资，建立10个海洋旅游休闲项目，其中将近一半在

图4 浙江省平阳县南麂列岛发展渔家乐　　图片提供：南麂列岛国家海洋自然保护区管理局 黄喜旦/摄

图5 浙江省平阳县南麂列岛南麂大排档　　图片提供：南麂列岛国家海洋自然保护区管理局 黄喜旦/摄

舟山市落户。近年来舟山市积极接轨大桥时代，丰富旅游产品、提升旅游品牌、优化旅游服务，加快旅游产业转型升级，以创建中国旅游综合改革试点城市和建设舟山群岛海洋旅游综合改革试验区为主线，围绕“海”、“佛”两大主题，充分发挥普陀山辐射作用，着力实施旅游设施、旅游产品、旅游品质、旅游品牌“四大提升工程”。全市逐渐形成了以临港工业、港口物流、海洋旅游、现代海洋渔业等为支柱的开放型经济体系(见表2)。

### 4.4 区域休闲渔业发展存在的问题

#### 4.4.1 总体发展还不够平衡

目前普陀区52个渔村已开发“渔家乐”旅游的有13个，还有一些具备发展“渔家乐”旅游条件的渔村没有实质性启动。项目主要还是以乡镇政府或下属公司经营，或以渔民个体经营为基础，一些渔民经营户的主体意识还不强，投资发展“渔家乐”旅游的力度差异很大。

#### 4.4.2 产品开发档次还偏低

大部分“渔家乐”旅游开发产品雷同，展现在游人面前的产品多是千篇一律的吃住渔家、网箱钓鱼等模式，缺少创新和明确的主题，得天独厚的特色品牌资源未能很好地开发，休闲、娱乐、餐饮等行业结合松散，高档次的“渔家乐”旅游产品还没有形成。

#### 4.4.3 缺乏文化内涵的支撑

据实地调查，外地游客到普陀进行“渔家乐”旅游的动机之一是海岛特有的文化。为促进有海岛特色的文化建设，普陀区已连续举办了3

图6 浙江省舟山群岛沈家门渔港 图片来源：畅游舟山网 郑宝森/摄

届“民间民俗大会”，但从总体上来看，目前普陀区“渔家乐”旅游的文化内涵挖掘得还不深，缺少浓郁的地方特色和乡土气息。

#### 4.4.4 缺乏统一的宣传促销

目前宣传促销仍以“渔家乐”旅游经营单位及乡镇的单打独斗为主，经营户的主动宣传和参加集体促销的意识和要求还不强，采用的手段也比较单一。“渔家乐”旅游缺乏统一的包装和宣传促销，市场拓展力度不够大，品牌还没有真正打响。

#### 4.4.5 从业人员素质还不高

由于“渔家乐”旅游从业人员大多来自于转产转业的渔民及其家属，多数人文化素质较低，加上有关部门对“渔家乐”旅游从业人员在旅游知识、接待常识、安全知识、环保意识等方面的培训教育力度不足，针对性不强，导致从业人员的整体素质和管理服务水平不能适应“渔家乐”旅游深层次发展的需要。

## 5. 海港城市滨海区域发展休闲渔业经济的对策

### 5.1 加强统筹协调，提升整体水平

树立综合开发、统筹发展的经营理念，以资源整合、特色打造、新品开发、配套完善为重点，在促进“渔家乐”旅游业拓展功能、延伸服务的同时，把发展“渔家乐”旅游与社会主义新渔(农)村建设结合起来，与保护好旅游资源和生态环境结合起来。做到在布局上，有全区性的高质量、新颖独到的发展规划和创意策划，规划统筹与指导优化“渔家乐”旅游项目的布局和结构。在经营模式上，逐步形成具有“渔家乐”旅游特色的“经营户+服务中心+旅行社”的运作机制。

### 5.2 注重海岛特色，打造休闲渔业旅游基地

“渔家乐”旅游项目首先要重视突出“渔”味和“海”味，服务设施建设、日常餐饮提供和旅游项目开发要力求贴近渔家生活。要认清每个海岛的自身特色，深挖内在含义，进行差异性定位，各景区内部也应

进行特色规划，创立自己的特色和品牌，构建面向不同消费层次、具有不同消费内容的“渔家乐”旅游网络，满足游客“吃渔家饭、住渔家屋、干渔家活、看渔家戏、享渔家乐”的多元化旅游需求。

## 5.3 强化宣传促销，拓展休闲渔业市场

要整合宣传促销组织，统一进行旅游促销。一方面，要把旅游联合营销宣传推广作为政府重要的日常工作来抓，通过包装组合“渔家乐”旅游精品，策划推荐线路，组织或承办大型娱乐康体活动，参加各种旅游交易会等，提高宣传促销效果。另一方面，要通过政府或行业协会，以差异发展的前提和互生共赢的概念，组织各旅游企业积极开展宣传促销，提升地区资源吸引力。此外，还可以让旅游中间商为“渔家乐”旅游做宣传广告，利用其网络系统为“渔家乐”提供稳定、优质的客源，打响“渔家乐”旅游品牌。

## 5.4 不断开阔视野，拓宽渔民的致富渠道

“渔家乐”的兴起，源于渔民致富思路的不断拓展。因此，有关部门应以“渔家乐”为依托，加强渔业产业结构调整。“渔家乐”的发展在一定程度上延长了行业的产业链，广大渔民应抓住机遇，进一步打破传统经济模式，根据发展需求，适时调整活动的类型。针对现今渔业发展的局限性，“渔家乐”不失为一条渔民致富之路，同时，也要求渔民不断拓展休闲渔业的深度和广度，这样才能长兴不衰。

**［基金项目］**宁波市社会科学学科带头人培育项目研究课题（G11-XK23）；2011年度浙江省旅游科学研究课题（2011ZC24）；2011年度宁波市哲学社会科学规划课题研究课题（G11-A59）研究成果之一。

**参考文献**

[1] 陈思行．美国休闲渔业现状［J］．北京水产，2005，(1)：4-7

[2] 陶维乐．对蓬莱发展“渔家乐”旅游的思考［J］．山东省农业管理干部学院学报，2008，(6)：43.

[3] 张英．发展休闲渔业 推进新渔村建设的探讨［J］．新农村，2007，(6)：2

[4] 李悦铮．区域旅游市场发展演化机理及开发［M］．北京：旅游教育出版社，2005：47

[5] 周琼．传统渔农业逐步向现代渔农业转型 —— 舟山普陀区：61家合作社带领万户渔农民发家致富［EB/OL］．http://www.people.com.cn/GB/22220/75293/10691510.html

[6] 舟山市海洋与渔业局．舟山市休闲渔业产业发展探讨［C］．2006海峡西岸休闲渔业交流会．2006：92-96.

# 海岛旅游度假区规划GEME模式创新及其在大连长山群岛规划中的应用

# GEME Mode and It's Application in Island Tourism Resort Planning: Changshan Archipelago Case Study,Dalian

文 / 李悦铮　江海旭

**【摘 要】**

海岛是海陆的岛桥，海洋开发的基地，是海洋开发的前沿和海洋旅游开发的重要组成部分。海岛，因其带给旅游者的远离城市喧嚣和彻底回归自然的心理感受而倍受青睐，已成为世界旅游的热点地区。目前我国正兴起海岛旅游开发热潮，但我国与之相关的研究缺乏系统的理论和实践指导。大连长山群岛是东北地区唯一群岛，素有“天然鱼仓”和“海洋牧场”之美誉，还拥有宜人的气候，碧透的海水，迷人的海滩，独特的海岛景观，多样的海蚀地貌等世界一流的海岛旅游资源。基于大连长山群岛国际旅游度假区规划的实践经验，提出海岛旅游度假区规划的理念创新、体制创新、任务创新、模式创新以及发展定位、开发分区、产品策划、线路设计。

**【关键词】**

旅游度假区；规划创新；开发研究；长山群岛

**【作者简介】**

李悦铮　辽宁师范大学 城市与环境学院副院长，教授，博士生导师

江海旭　辽宁师范大学 城市与环境学院博士研究生

**本文图片由作者提供**

创新是时代的永恒主题，海岛旅游规划也需要在实践中创新，在创新中发展。海岛，特别是未来以旅游经济发展为主体的海岛区（如海岛省、海岛市、海岛县）的旅游规划，实际上就是该区域的经济社会发展总体规划，远远超出一般意义上旅游规划的范围和内容。《大连长山群岛国际旅游度假区总体规划》[1]即属此类。我们在此规划中力图在规划理念、规划体制、规划任务和规划模式等方面有所创新。该规划做到了四大转型：居民身份转型、产业转型、经济转型和体制转型，将使当地社会、经济生活发生根本性转变。

## 1. 长山群岛旅游度假区规划开发背景[2]

### 1.1 长山群岛概况

长山群岛位于辽东半岛、胶东半岛、朝鲜半岛和日本列岛的几何中心位置。在空间上包括大连市长海县所辖的里长山和外长山列岛共100个岛、89个礁（坨），陆地面积119.2平方公里， 还包括现庄河市所辖的石城列岛的22个岛、21个礁（坨），陆地面积33.83 平方公里。

长山群岛依托东北腹地，面拥黄海，是东北亚经济圈和黄渤海经济圈双重环绕的群岛地区。长山群岛具有世界一流的海洋牧场和海洋生态环境，独特的北纬39° 的群岛风光，是中国东北唯一、北方最佳的群岛。

### 1.2 规划开发背景

21世纪是海洋世纪，海洋旅游是前景远大的海洋产业群的重要组成部分，而群岛旅游则是海洋旅游"皇冠"上的"明珠"。中国的旅游已进入休闲时代，中国南方已初步形成了以海南岛为主要目的地的海岛休闲度假区。长山群岛是东北唯一的海上群岛，地处辽宁沿海经济带，区域经济发达，自然环境条件优越，具有突出的后发优势。建设中国北方国际水准的海岛型旅游度假区势在必行。大连市政府审时度势，把长山群岛国际旅游度假区的规划与建设纳入政府的工作日程，于2008年完成了《长山群岛国际旅游度假区总体规划》。该规划是大连新时期经济社会发展全域规划的重要组成部分。它不是一个专项的旅游发展规划，而是在未来一个时期关于长山群岛经济社会发展的综合性区域总体规划。规划的目的是以建设长山群岛旅游度假区为契机，以旅游经济为主导，对长山群岛未来的社会发展进行全域、全方位谋划，使之成为大连新时期旅游经济发展的重要支撑点，并跻身于世界一流海岛休闲度假区。规划的范围涉及大连黄海沿岸

**图1 四块石渔港**

的五个区市县，内容涉及长海县的城市化、产业结构调整与升级、经济转型和居民搬迁、海岛海域资源优化整合，涉及长海县体制改革创新和行政管理中心迁移，涉及国际、对外开放以及军队和地方权益的划分，涉及海岛资源配置与基础设施配套建设等若干重大问题，是一个区域综合性的能充分体现出政府意图的总体规划。2009年7月1日《辽宁沿海经济带发展规划》获国务院常务会议原则通过。长山群岛的发展已纳入国家发展战略。2009年9月《大连长山群岛国际旅游度假区总体规划》获大连市常委会通过。该规划打破了行政界线，把行政区域转化为旅游区域。2010年5月，辽宁省委、省政府批准长山群岛旅游避暑度假区为省级旅游度假区，享有辽宁沿海经济带重点支持区域的相关政策。这一重大举措，极大地推进了长山群岛管理体制和经济功能的历史性变革，使我国最后一个开放的群岛迎来了前所未有的发展良机。打造国际旅游胜地，使长山群岛成为东北亚最前卫的旅游目的地和世界群岛旅游新地标，成为长海县未来发展目标。中国"南有海南三亚过冬，北有大连长山避暑"的海岛旅游度假态势有望形成。目前已经开展的重点项目包括：大桥、机场、宾馆、酒店。大连市2010年重点工程长山大桥是规划中的主体工程，作为长海县历史上投资规模最大的一个基础设施建设项目，该工程估算总投资5.79亿元，2010年10月开工，2013年7月建成通车;海昌集团投资15亿美元，在长山群岛建设高尔夫球场、五星级酒店等项目；长山群岛正在进行飞机场的改扩建工作，将投资15.8亿元，扩建后的长海机场可停737型飞机。

## 2. 规划理念创新和体制创新

### 2.1 规划理念创新

海岛旅游规划的理论创新，最重要的就是理念创新，我们在规划理念上注重"三大"规划理念——"大旅游、大范围、大视野"。

"大旅游"：在新的背景下，坚持创新、统筹和开放的原则，从"大资源、大产业、大产品"的新视角、新观念，指导长山群岛旅游度假的规划。树立"大资源"观念，将生态环境作为重要的旅游度假资源，长山群岛拥有我国北方最清澈的海水、适宜避暑度假的气候等一流的生态环境，发挥环境资源优势，实现生态环境的旅游资源化利用。明确"大产业"观念，本规划是在未来一段时期，关于长山群岛经济、社会发展的综合性总体规划。规划的目的是以建设长山群岛旅游度假新区为契机，以旅游产业为主导，对长山群岛未来的经济社会发展进行全域谋划，因而它不是通常意义和范围内的旅游产业规划，而是涉及整个区域经济的大产业规划。长山群岛拥有世界一流的海洋牧场，并拥有以其为基础的水产品加工业，通过规划把海洋水产业、工业等纳入旅游的大产业中。突出"大产品"观念，从产品内容体系进行创新，从产品结构进行完善，从产品内涵进行补充，形成一整套完整的度假产品系统。

"大范围"：长山群岛国际旅游度假区的规划范围包括长海县行政辖区内的142个岛、坨、礁等所有岛屿与海域，即119.24平方公里陆域面积和7720平方公里海域面积，包括已划分给庄河市的石城列岛，还包括可能作为旅游度假区管理中心或陆岛联动而需要资源整合的大连市辖区内的黄海沿岸各市、区的部分土地资源或岸线资源。规划范围广，打破了行政界线。

"大视野"：站在全球旅游业发展的战略高度，世界海岛休闲顶级目的地视角审视规划长山群岛。通过对地中海海岛旅游目的地考察、调研，拓宽了国际视野，借鉴国际海岛旅游度假区先进的管理理念与规划建设经验[3-6]，高起点、高标准、大手笔搞好长山群岛国际旅游度假区总体规划。

### 2.2 体制创新

大连长山群岛国际旅游度假区范围不仅涉列长海县本身，共涉及大连黄海沿岸五个区市县（庄河市的石城岛、金州区的杏树屯、金石滩旅游度假区、普兰店的皮口工业园区）。为了建立世界一流休闲海岛旅游目的地，必须进行管理体制创新。在规划中我们提出撤县建区，成立大连长山群岛国际旅游度假区管理委员会。2010年5月20日，大连长山群岛旅游避暑度假区已正式挂牌成立。

## 3. 规划任务创新

长山群岛旅游度假区建设，与单一的旅游区开发不同，其本质是一个成建制的行政区全面转型。因此，在发展建设上就不单是关于旅游业发展的项目建设，而是以旅游经济为主

图2 饮牛湾浴场与规划建设中的长山大桥

导的兼顾多种产业和多方利益的经济社会发展建设。在规划中，我们提出六大任务。

## 3.1 县域行政区向特殊经济功能区转型

通过规划和体制创新，使长海县由县级行政区提升为长山群岛国际旅游度假区，实现行政管理区向经济功能区转变。通过县政府机关整体搬迁，推进旅游功能区建设和行政区转型。加快管理体制创新，由多层次繁杂的行政管理，转向相对单一的以旅游功能为主体的专业化管理，由县级行政管理提升为政企复合型管理，在管理上和公共服务上履行政府行政职能，在经营上由企业自主运营。积极争取成为国家海洋公园。

### 3.1.1 岛际合作及扁平管理机制

为管理方便，以海岛的空间分布为基础，淡化乡级行政管理，强化以岛屿为单位的功能区域社区管理，实行县（或管委会）与岛屿之间的扁平管理体制。在各岛屿内部建立政企合作机制，逐步实现以企业为主导、以现代服务业为支撑，缩小各乡行政管理权限，减少岛内行政区划约束，建立岛际之间合作平台。

### 3.1.2 陆岛合作平台及机制

通过与杏树屯、皮口等陆岛枢纽行政整合和体制改革创新，打破空间及行政区划对陆岛间人员、信息、物资、资金的限制流动，实现由空间分离、行政分治转向陆岛一体化的沿海开发开放地带。在海岛进入大陆的出口处划定特定陆岛合作区域，组建陆岛合作机构，构建陆、岛及合作地区三大机构之间的运行机制与管理体制，确保合作机构运转正常；健全陆岛运输体系，主要包括海、陆运输线路建设，以及运输企业的培育与发展。

### 3.1.3 涉外合作平台及机制

建设国际海岛度假区的涉外合作平台，引进外资与管理人才。包括引进旅游管理人才、企业家等；引进国际知名的大企业入主海岛，带动岛内旅游设施建设；加强陆岛政府间合作与共事，组建合作机构，为企业合作打造平台，实现更高级别的合作共赢。

### 3.2 农渔资源型经济向开放服务型经济转型

强化海洋渔业资源枯竭和近海域生态面临着过度养殖的危机意识。坚决扭转工业兴县的理念，逐渐淡化渔业立县的情结，逐步降低渔业在产业结构中的比重。以产业结构优化升级为主线，加快海岛经济转型，实现由资源型农渔业生产加工升级为以旅游服务业为主的开放型经济。

实现渔业生产为旅游经济服务的转型，促进海域生态系统良性循环。渔业生产要定区域、定规模，集约发展渔业经济，集中发展两大渔业作业区。抓紧制定退渔还海规划，出台相关配套政策。

坚持旅游兴岛的路线，摒弃传统观念和落后的生产方式。坚持发展“大旅游”的方针，改变一家一户的小农式接待方式。发挥集体优势，整合海域资源，优化开发利用景观资源，引进国际上先进的旅游度假区建设与管理模式。减少无休止地向海岛和海域索取物质，转变海岛生产与经营方式，使经济来源由渔业为主逐步转向以旅游服务业为主，大力增加旅游服务经济在地区生产总值中的比重。制定旅游业倍增计划，力争每年提升2个百分点。

加快推进以农渔为主的初级产品生产加工业转变为以旅游度假为特色、以高端消费为主的服务业。加强旅游与农渔的产业融合，延长产业链条，增加产品的附加值，实现以渔业为主导的一元产业结构向二元、三元产业共荣的结构升级。把扩大开放放在发展旅游经济的重要位置，加大旅游宣传力度和旅游项目的招商引资力度。

严格控制长山群岛新上的规划外的各类项目，尤其是工业类的产业建设项目，加快制订长山群岛工业搬迁规划和实施政策。岛上现有的水产加工制造业，要全部搬迁到皮口镇的长海工业园区，在政策上给予补偿。海岛上原则上不再建设水产加工企业，所有工业项目一律安排到皮口工业园区内。

### 3.3 海岛居民向社区居民转型

长山群岛旅游度假区建设，是一场大规模的经济转型与体制变革，是一场深刻的社会形态变革。通过经济转型、管理体制调整和整合搬迁，加快推进全岛形成以旅游服务经济为特色的城市化，经济结构转型带动居民职业变化，逐步实现岛内职业渔民向兼职渔民或从事服务业的市民转型，真正做到农民转市民，转业不转地，居民就地城市化，享受与市民平等的社会保障和养老保险。完善海岛居民相应医疗、就业、养老和教育等服务业保障体系，实现老有所养、幼有所教、病有所医。

建设前期要加快动迁零散分居在海岛上的居民，中期实施整体动迁成建制村的岛屿。

重点建设好大长山岛、小长山岛、獐子岛、广鹿岛、石城岛居民社区。在未来20年，将建成设施完善、功能齐全、环境优美的渔村新社区。

### 3.4 海岛型生产景观向生态旅游景观转型

经济形态与产业结构转型要与景观转型相结合，通过以旅游特色为主体的设施建设和海岛生态建设，改变目前的农业生产、水产养殖与加工为特色的“海上大寨”景观，形成现代化与原生态融为一体的独具特色的海洋公园生态旅游景观。

着力解决好渔业水产与旅游景观的矛盾问题，按照规划重新划定或调整水产养殖区、海域保护区、海珍品生态保护区。旅游景观区和垂钓区的渔业生产用海要加快退出。对于重点景区内的台筏养殖要坚决退出。海洋岛周边海域划定国家海洋保护区界限。严格按照合同法规定，清理无证用海的各类专业户，对于外来的海域承包户要重新审查、严格限制。建设绿色长山群岛，计划投资4亿元，用10年时间将度假区绿化率提高15个百分点，重点建设广鹿岛、石城岛、海洋岛和小长山岛四大海洋森林基地。建设王家岛、瓜皮岛、乌蟒岛、格仙岛、塞里岛五大生态公园。

### 3.5 自我服务型设施建设向现代化服务体系建设转型

加快长山群岛的基础设施和公共设施建设。通过规划和建设一大批重点基础设施和公共服务设施，拓展国际金融服务业与国际贸易服务业，建立现代化国际金融服务体系，改变过去以区内自我服务为主的设施落后状态，形成现代化的满足国际旅游度假需求的一流服务设施。按照长山群岛旅游度假区发展定位需求，加快供水、电力、交通等基础设施建设力度，大幅度改善要素支撑能力。

### 3.6 海域粗放利用型向生态节约型转型

通过践行科学发展观带动长山

图3 长海现有机场

群岛旅游度假区的可持续发展与建设，改变过去的经营粗放、产品附加值不高、生态效率较低、以农渔为主的海域开发利用局面，逐步实现以生态旅游经济为主，开发高附加值生态旅游产品，发展高效的现代服务业，以生态文明为导向，向生态节约型产业、生态节约型群岛转型。

限制景区内的渔业生产与水产养殖活动，严格控制海域的不合理使用。控制各类废弃物排放，提高生活垃圾无害化处理比重，降低其对环境的污染，逐步实现清洁生产。建成海岛循环经济新模式并逐步在群岛进行推广，重点建设塞里岛和王家岛科学发展示范区。重视生态保育，提升环境质量。

从节能降耗、开辟新能源着手，建设节能型示范岛。加快搬迁高耗能企业使其退出海岛度假区，以降低海岛能源消耗量；鼓励开发利用新能源，逐步实现以风力发电为主、潮汐发电和波浪发电为辅的能源开发利用结构。重视地热资源和太阳能资源的开发利用，将其作为居民生活所需能源的重要来源。

## 4. 规划模式创新

### 4.1 开发模式：吉美（GEME）旅游开发模式

根据实际情况[7]，借鉴世界海岛

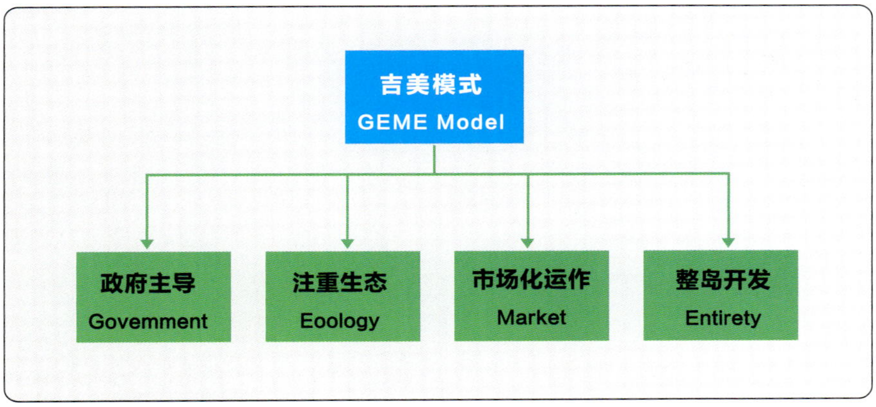

图4 长山群岛旅游开发吉美模式

旅游开发模式，在《大连长山群岛国际旅游度假区总体规划》中，我们提出了海岛的吉美（GEME Model）旅游开发模式（适用于面积较小的岛屿或群岛），即以政府（Government）为主导，注重生态环境（Ecology），市场（Market）化运作，整岛开发（Entirety）的旅游模式（图4）。吉美是英文“政府”、“生态”、“市场”、“整体”字头组成的单词的英文译音，从中文字面上讲吉美寓意此海岛旅游开发模式的目标是吉祥和美的意思。运用这一模式打造长山群岛国际旅游度假区，使其成为具有国际级影响力的休闲度假区，将实现长山群岛旅游业的稳定高速发展。

**表1 长山群岛旅游布局模式**

| 前期 | | 中期 | | 远期 | |
|---|---|---|---|---|---|
| “众星捧月”式（“一核多星”式） | | “多核多星”式 | | “网络节点”式 | |
| | | “五核” | “多星” | “中转节点” | “终端节点” |
| 大长山岛 | 石城列岛 | 石城岛 | 海王九岛 | 石城岛 | 海王九岛 |
| | 里长山列岛 | 大长山岛 | 哈仙岛 | 大长山岛 | 哈仙岛 |
| | | | 塞里岛 | 小长山岛 | 塞里岛 |
| | | | 乌蟒岛 | 广鹿岛 | 乌蟒岛 |
| | | 小长山岛 | 蚆蛸岛 | 獐子岛 | 蚆蛸岛 |
| | | | 格仙岛 | | 格仙岛 |
| | | 广鹿岛 | 瓜皮岛 | | 瓜皮岛 |
| | | | 葫芦岛 | | 葫芦岛 |
| | | | 洪子东岛 | | 洪子东岛 |
| | | | 海洋岛 | | 海洋岛 |
| | 外长山列岛 | 獐子岛 | 东褡裢岛 | | 东褡裢岛 |
| | | | 西褡裢岛 | | 西褡裢岛 |
| | | | 大耗子岛 | | 大耗子岛 |
| | | | 小耗子岛 | | 小耗子岛 |

## 4.2 布局模式

在布局模式上，我们提出了不同时期采用不同的模式[8-9]。

### 4.2.1 前期：“众星捧月”式（“一核多星”式）布局模式

成立长山群岛国际旅游度假区，要从过去的行政区转化为功能区，与已成规模的金石滩旅游度假区携手成立一个共同的管委会。对海滨、海岛旅游开发与规划、管理与保护等进行监管与协调，对滨海、群岛旅游实行平等发展，使金石滩旅游度假区发挥滨海旅游的特色，长山群岛国际旅游度假区发挥海岛旅游的特色，打造各自王牌旅游产品。

此模式是以大长山岛为核心，由石城列岛、里长山列岛、外长山列岛形成卫星式发展（图5）。

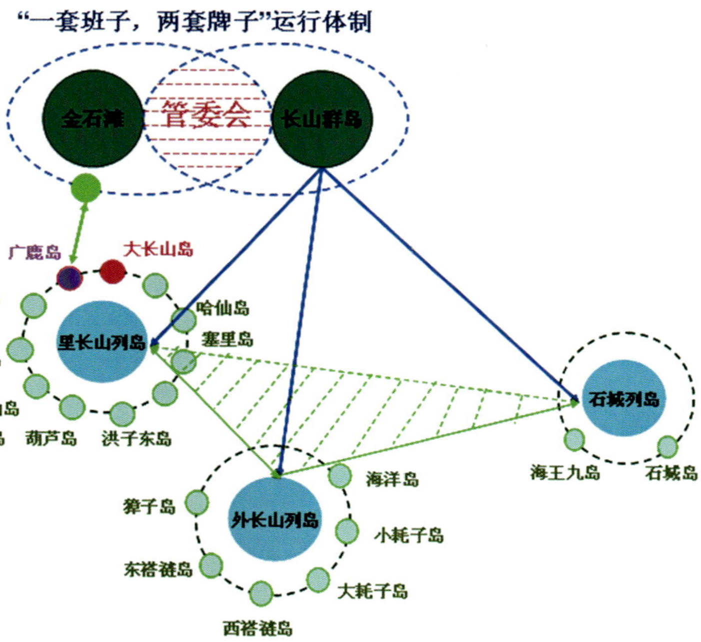


图5 “众星捧月”式（“一核多星”式）布局模式

### 4.2.2 中期：“多核多星”式布局模式

打造五个核心区：石城岛、大长山岛、小长山岛、广鹿岛、獐子岛，在这几大核心区中，都要包括指导与监督并行的旅游服务中心、旅游六大要素的充足供给、完善的旅游基础设施，设立各自所属旅游管委会分支。海岛旅游核心区的建设，要突出“全面”。

其余各岛分别按照基础设施建设，如交通通达性、旅游线路及管委会管辖范围归属等为各自的核心，呈“卫星式”发展趋势。海岛旅游卫星区的建设，要突出“特色”（图6）。

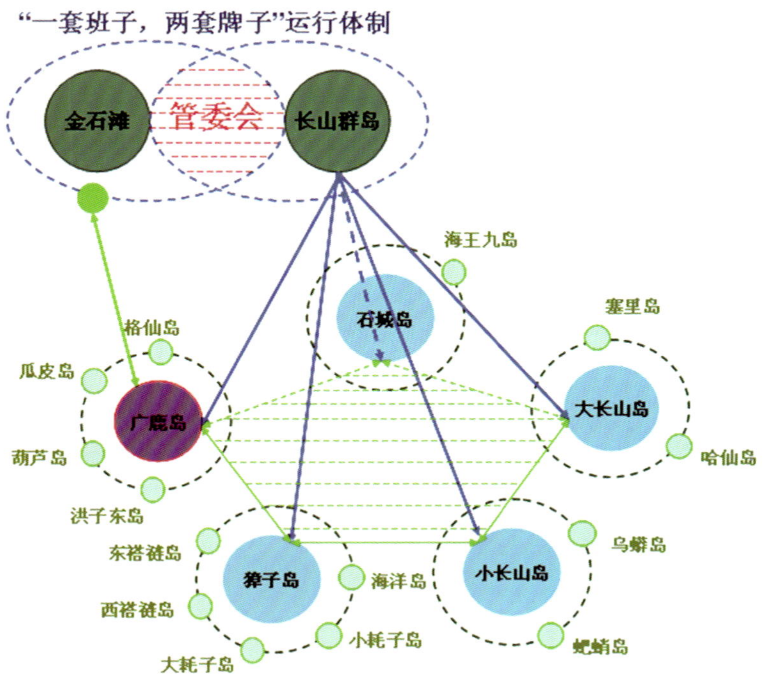

图6 "多核多星" 式布局模式

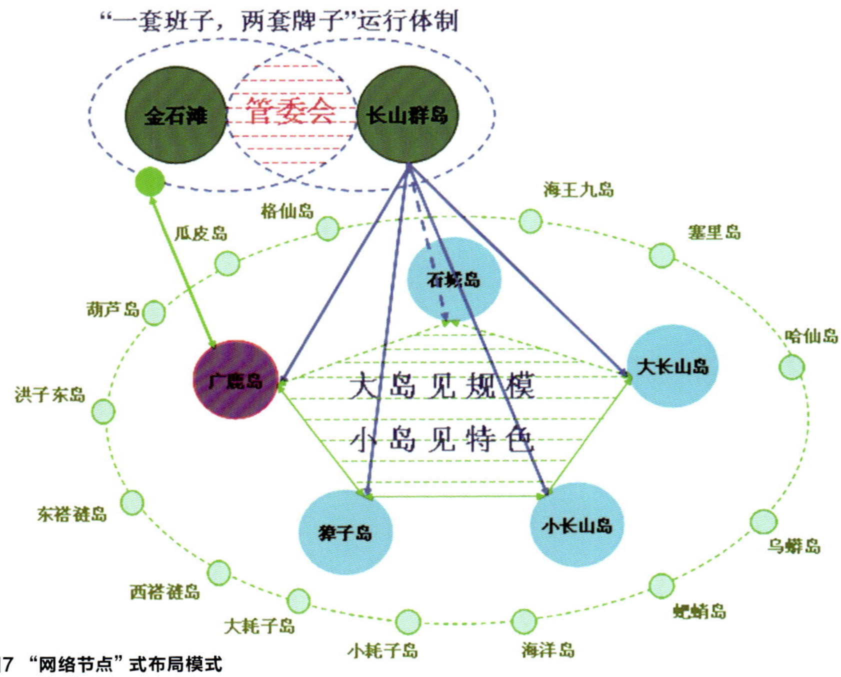

图7 "网络节点" 式布局模式

#### 4.2.3 远期："网络节点" 式布局模式

"网络节点" 式开发模式是根据网络系统构建的，此模式主要包括 "中转节点" 构成的第一级系统运行、传递、反馈和 "终端节点" 构成的第二级系统运行、实施、反馈。

"中转节点" 可以实现上一级到下一级信息的指派和下一级到上一级信息的反馈，是系统核心与基本元素之间的纽带。"中转节点" 还指五大核心海岛，这五大海岛在发展自身旅游资源特色的基础上，要背负起承上启下的更大使命。五大核心海岛应互相存在海上和空中的交通路线，各核心海岛协调发展，突出各自特色，在行使管委会能力、提供旅游服务中心的基础上公平竞争、和谐发展，并且对于各自归属小岛进行详细规划与管理，并在一定时期将信息反馈给度假区管委会，使整个度假区旅游系统的第一级系统达到通畅运行。

"终端节点" 是指系统信息需要到达信息向上级节点反馈的地方，是构成整个系统的基本元素。"终端节点" 还指围绕五大核心海岛的卫星海岛，在 "中转节点" 的带动下，处于由信息共享、地位平等、特色竞争等因素构建的二级系统中。到达 "终端节点" 的交通设施可以保持海运或空运的单一性，可突出海岛的神秘特色，通过各海岛拥有的特色资源推出王牌旅游产品，实现 "一岛一景"。

## 5. 发展定位

### 5.1 总体定位

中国首个群岛型国际旅游休闲度假区、世界著名的海岛旅游目的地。

### 5.2 功能定位

集休闲会议、海岛养生、渔文化体验、休闲运动、主题游乐、生态观光、度假居住等功能于一体的温带海岛休闲度假中心。

### 5.3 产业定位

以高科技引领的海洋科技业，以海岛休闲度假为支柱的现代服务

图8 广鹿岛高尔夫球场

业，以海洋捕捞、海水底播养殖为特色的海洋牧业。

## 5.4 形象定位

旅游形象定位

★面向国内市场

“长山群岛长寿地，度假天堂云海天。”

“极品海鲜长山群岛，避暑度假养生胜地。”

★面向国际市场

“Oriental Mallorca——ChangShan Islands·China”

“东方马略卡——中国•长山群岛”

旅游形象宣传口号

“南有海南三亚过冬，北有长山群岛避暑。”

“长海群星，雾列画屏。”

“古有桃花岛主人人羡，今争长山岛主我亦行。”

“群星璀璨，魅力长山。”

“海钓佳地何处找，渔翁遥指长山岛。”

“欲求美轮美奂境，必到神秘长山岛。”

“游山海画廊，赏渔家风情。”

“借问海鲜何处好，人人遥指长山岛。”

“欲与神仙试比高，必到神秘长山岛。”

## 5.5 目标定位

总体目标是用20多年时间，把长山群岛建成生态环境优美、产业结构高端的亚太地区著名温带海岛型旅游目的地、世界著名的国家海洋公园。

近期目标：到2012年，长山群岛国际旅游度假区建设全面启动，开工建设一系列带动强的项目。基础设施建设有序快速推进，在广鹿岛形成较高水平的旅游度假接待能力。退渔还海和主要岛屿居民动迁安置工作基本落实，工业项目全部迁至皮口工业园区。地区生产总值过百亿元，年均增长18%以上。地方财政收入5亿元以上，年均增长20%以上。旅游经济快速扩张，旅游业增加值占地区生产总值的比重20%以上。渔业持续稳定发展，水产加工制造业搬迁改造升级。基本上实现陆岛间和岛与岛间交通联系便利稳定，成为中国北方最佳旅游目的地。

中期目标：到2020年，地区生产总值超过250亿元，年均增长20%，成为大连的新增长极。地方财政突破12亿元，年均增长20%以上。旅游服务业成为支柱产业，年均增长30%以上，旅游服务业增加值比重占50%左右。经济结构基本实现转型，陆岛产业生产加工一体化，渔业生产与加工低于50%，服务业得到全面发展，产业结构向高端转型。基础设施比较完善，基本实现陆岛、岛间交通无障碍，水电气等要素支撑条件完善。海岛生态环境进一步优化。成为东北亚最佳海岛旅游目的地，并全面建设国家海洋公园。

远期目标：到2030年，长山群岛国际旅游度假区及大连国家海洋公园全部建成，成为大连市旅游经济的重要支柱，旅游服务产值突破200亿，占全区GDP的50%以上。成为生态良好、居民富裕、经济社会与环境和谐、基础设施完善、管理体制先进、全面对外开放的现代化群岛度假旅游区，形成陆岛空间一体化、产业发展一体化、行政服务一体化的世界一流温带海岛旅游度假目的地。

## 5.6 市场定位

在总体上要瞄准高端、立足地缘、以高带低、以外带内。

客源市场。国内主要面向东北、北京及环渤海地区；长三角地区和珠三角地区；机会市场为西北市场和中部市场。国际市场主要是日本、韩

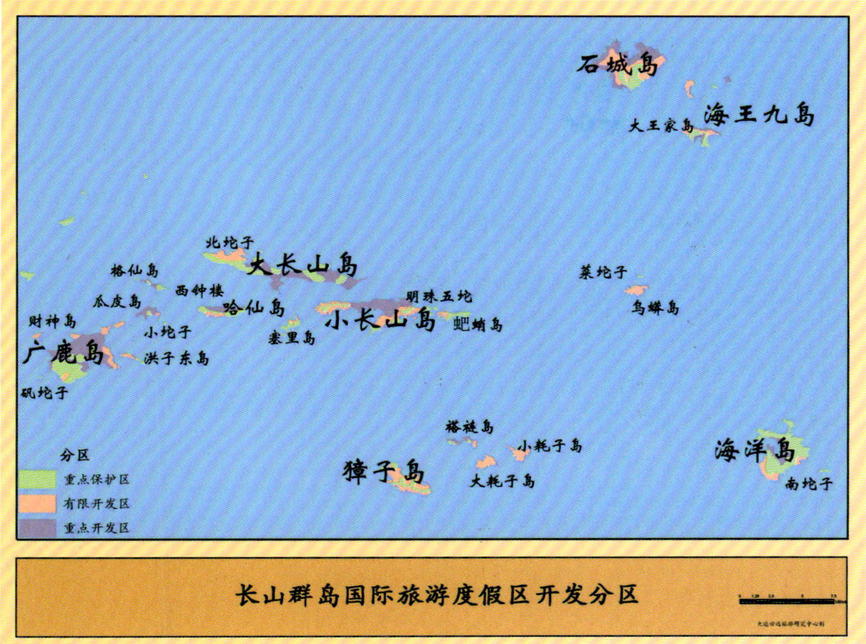


图9 长山群岛国际旅游度假区开发分区

图10 广鹿岛休闲设施

国、俄罗斯等东北亚地区，以及我国港澳台和欧美主要客源地地区。

重点专项市场。一是度假休闲市场，重点面向主题游乐、文化体验、餐饮娱乐、岛居生活等度假享受人群；二是会议商务市场，重点面向政务、商务、休闲办公、创意研发等商务人群；三是休闲运动市场，重点面向高尔夫、游艇、海钓等休闲运动人群；四是康体疗养市场，重点面向海岛疗养、健康体验、温泉SPA、养老等颐养人群。

## 6. 开发分区

主体功能区划是指在对不同区域的资源环境承载能力、现有开发密度和发展潜力等要素进行综合分析的基础上，以自然环境要素、社会经济发展水平、生态系统特征以及人类活动形式的空间分异为依据，划分出具有某种特定主体功能的地域空间单元。主体功能区划强调人与自然、社会经济的协调发展，是规范空间开发秩序、优化空间结构的有效手段，是促进我国区域协调发展的重大举措。长山群岛国际旅游度假区是长山群岛的全域开发，因此，亦应规划空间开发秩序，划分不同功能区域。参照主体功能区划分思路，本着人地协调、生态优先、综合区划的三大原则，把长山群岛划分为重点开发区、有限开发区和重点保护区三大功能区。

重点开发区：大小长山岛、广鹿岛大部分地区及石城岛部分地区，哈仙岛北部地区，海洋岛环太平湾区域，褡裢岛部分地区，瓜皮岛。该区是长山群岛陆域面积较大的几个岛屿（瓜皮岛和哈仙岛面积较小，但区位好，与大长山岛、广鹿岛临近），开发空间较大，开发条件较好，较为成熟，特别是大、小长山岛已经具有一定的旅游开发基础。这些地区应是长山群岛国际旅游度假区优先启动、重点突破、集中开发的地区。

有限开发区：哈仙岛大部分地区，格仙岛、塞里岛、蚆蛸岛、大王家岛大部分，獐子岛大部分，海洋岛一部分，大小长山岛部分地区，洪子东岛、大小耗子岛、乌蟒岛等。这里土地面积较小，资源承载力较弱，环境容量有限，加之有的区域仍属军事禁区，应有限开发。

重点保护区：海洋岛大部分地区，石城岛、广鹿岛、大小长山岛、塞里岛、獐子岛的部分地区，除大王家岛以外的海王九岛其余岛屿以及无人居住的岛、礁、坨等作为重点保护区，严格控制开发。

## 7. 各岛旅游产品策划

根据长山群岛各个岛屿的资源优势和基础条件，可以设计出适合每个岛屿发展自己特色的旅游产品，另外考虑到政策因素、基础条件、旅游发展整体趋势等方面的影响还要对各岛主要旅游产品开发时序进行合理规划，具体内容参见下表。

**表2 旅游产品策划**

| 岛屿 | 重要资源 | 主打旅游产品 | 开发时序 | | |
|---|---|---|---|---|---|
| | | | 近期 | 中期 | 远期 |
| | 滨海风光 | 滨海环岛观光 | √ | | |
| | 海上田园 | 渔家文化旅游 | √ | | |
| 大长山岛 | 宽阔的水面 | 水上运动 | | √ | |
| | 悠久的历史 | 文化旅游 | √ | | |
| | 完善的设施 | 博彩旅游 | | | √ |
| 小长山岛 | 海珍品自然保护区 | 海洋生态旅游 | √ | | |
| | 国家海钓基地 | 海钓旅游 | √ | | |
| | 优良海滩 | 海洋浴场 | √ | | |
| | 海岛森林 | 生态旅游 | √ | | |
| 广鹿岛 | 海岛气候 | 海岛会议旅游 | √ | | |
| | 接近大连 | 海底宾馆 | | √ | |
| | 贝丘遗址 | 历史体验游 | √ | | |
| 獐子岛 | 海珍品基地 | 购物旅游 | | √ | |
| 海洋岛 | 军事基地 | 军事旅游 | √ | | |
| | 海蚀地貌 | 地质旅游 | √ | | |
| 石城岛 | 鸟岛 | 生态旅游 | √ | | |
| | 优良环境 | 生育基地 | | √ | |
| 海王九岛 | 完善的设施 | 空中观光 | | √ | |
| 哈仙岛 | 浅水海域 | 水上乐园 | √ | | |
| 塞里岛 | 生态示范 | 新农村旅游 | √ | | |
| 瓜皮岛 | 起伏和缓 | 高尔夫 | √ | | |
| 葫芦岛 | 幽静的环境 | 私密度假 | √ | | |
| 格仙岛 | 良好的环境 | 浪漫之旅 | √ | | |
| 乌蟒岛 | 封闭的环境 | 冒险之旅 | √ | | |
| 大耗子岛 | 丰富的海鲜 | 购物旅游 | | √ | |
| 洪子东岛 | 优美的环境 | 灵感天堂 | | √ | |

## 8. 旅游线路设计

### 8.1 观光休闲游

具体包括地质旅游、历史文化游、生态旅游、高端旅游和浪漫之旅。

#### 8.1.1 地质旅游

金石滩——广鹿岛——哈仙岛——海洋岛——石城岛

龟裂石　背斜　沙连洲　岩石牡蛎壳　海蚀地貌

#### 8.1.2 历史文化游

广鹿岛——大长山岛——海王九岛——花园口

高丽城——历史博物馆——灯塔——日军登陆

新安寺碑　西大山石矿遗址　小珠山贝丘遗址　上马石贝丘遗址　马祖庙

#### 8.1.3 生态旅游

石城岛——小长山岛——海洋岛——獐子岛——广鹿岛

鸟岛（黑脸琵鹭）保护区　绝壁观鸥　海豚闹海　自然海滩　仙女湖

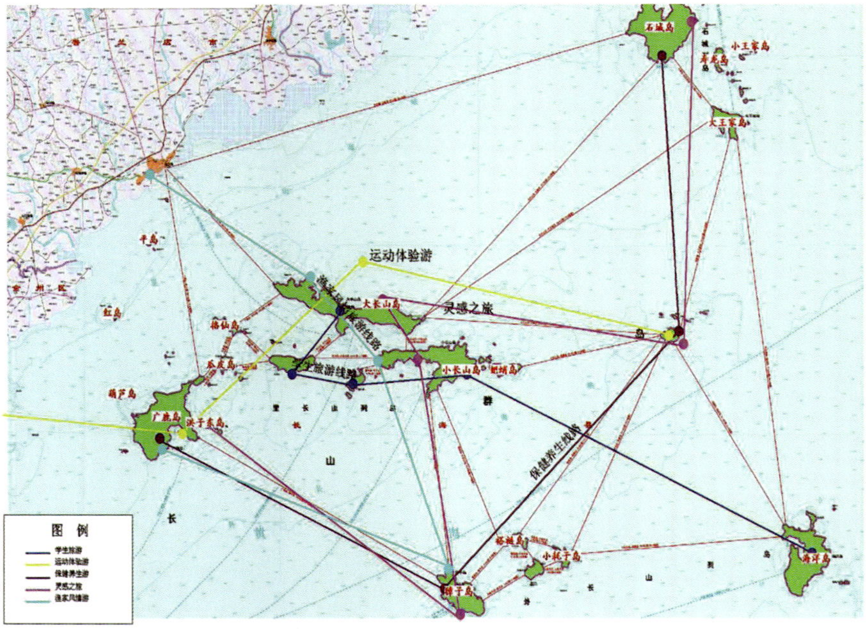


图11 长山群岛国际旅游度假区旅游线路设计图（参与体验）

#### 8.1.4 高端旅游

金石滩——广鹿岛——瓜皮岛——小长山

国际会议中心 七星级酒店、海岛会议中心 高尔夫球场 国际海钓基地

#### 8.1.5 浪漫之旅

皮口——大长山岛——哈仙岛——格仙岛——小长山岛——葫芦岛

海滩娱乐 海上乐园 浪漫海岛教堂 蜜月度假 海上运动 海底世界

### 8.2 参与体验游

具体包括学生旅游、运动体验游、保健养生游、灵感之旅和渔家风情游。

#### 8.2.1 学生旅游

大长山岛——哈仙岛——塞里岛——小长山岛——海洋岛

历史资料 海底世界 新农村生态示范 自然保护区 国防知识和军训

#### 8.2.2 运动体验游

金石滩——广鹿岛——大长山岛——乌蟒岛

发现王国 月亮湾冲浪 北部水上运动区 冒险岛

#### 8.2.3 保健养生游

石城列岛——乌蟒岛——獐子岛——广鹿岛

大自然的鬼斧神工 海钓 高品质海参 仙女湖纯净的湖水

平静心情 养性 滋补身体 净化灵魂

#### 8.2.4 灵感之旅

石城列岛——乌蟒岛——大长山岛——小长山岛——獐子岛——洪子东岛

自然体验 心灵体验 人文历史 现代人文 新中国建设成果 整理思路创作

#### 8.2.5 渔家风情游

皮口——大长山岛——小长山岛——獐子岛——广鹿岛

海上人家 钓鱼人部落 鲍鱼育苗场 马祖庙 海珍品育苗室 银珠海水育苗场

东獐子渔港 网箱养鱼

## 9. 结语

抬望眼，我国海岛旅游开发热潮正在兴起，从南到北，从海南国际旅游岛、舟山群岛开发，到长山群岛旅游避暑度假区建设。我们赶上了休闲度假的时代。笔者在马耳他考察后曾有感而发写过小诗一首，坚信“长山群岛可休闲”，喜迎我国海岛旅游休闲时代的到来。在这里笔者也坚信随着我国海岛旅游开发热的到来，在我国旅游界同仁们的不懈努力下，我国海岛旅游开发的理论也必将逐渐完善，旅游理论研究也必将呈现出一片繁荣喜人的景象，笔者坚信，笔者期待！

**参考文献**


[1] 李悦铮主持．大连长山群岛国际旅游度假区总体规划．2008 年 10 月．

[2] 李悦铮，李欢欢．基于利益相关者理论的海岛旅游规划探析—以大连长山群岛旅游度假区为例 [J]. 海洋开发与管理，2010,27(7)：108-112.

[3] 曲凌雁．世界滨海海岛地区旅游开发经验借鉴 [J]. 世界地理研究，2005,14(3)：80-85.

[4] 陆林．国内外海岛旅游研究进展及启示 [J]. 地理科学，2007,27(4)：579-586.

[5] 杨洁，李悦铮．国外海岛旅游开发经验对我国海岛旅游开发的启示 [J]. 海洋开发与管理，2009,26(1)：38-43.

[6] 杨洁．国外海岛旅游的成功经验对我国海岛旅游发展的启示 [D]. 大连：辽宁师范大学，2009.

[7] 李悦铮．沿海地区旅游系统分析与开发布局—以辽宁沿海地区为例 [M]. 北京：地质出版社，2002,78-87.

[8] 刘伟，李悦铮．长山群岛旅游开发与布局模式研究 [J]. 辽宁师范大学学报（社会科学版），2009,32(3):49-51.

[9] 刘伟．海岛旅游环境承载力及开发研究——以辽宁长山群岛为例 [D]. 大连：辽宁师范大学，2009.